Sarah Nisse

Lilous Wundergarten

Schneiderbuch

EGMONT

1. Auflage
© 2020 Schneiderbuch
Verlegt durch Egmont Verlagsgesellschaften mbH
Alte Jakobstraße 83, 10179 Berlin
Alle deutschsprachigen Rechte vorbehalten.
Titelbild und Innenillustrationen: Désirée Kunstmann
Umschlaggestaltung: Designomicon | Anke Koopmann, München
Layout und Satz: Achim Münster, Overath
Printed in the EU
ISBN 978-3-505-14344-1
www.schneiderbuch.de

Unsere Bücher finden Sie im
Buch- und Fachhandel sowie im

www.egmont-shop.de

MIX
Papier
FSC FSC® C015559

Inhalt

1

Der Wundergarten

Lilou stand im Garten unter dem alten Apfelbaum und wartete auf ihren Cousin Enzo. Sie mussten los, die Schule fing gleich an! Plötzlich hörte sie ein Rascheln im Gestrüpp hinter den Brombeerhecken. War das ein Eichhörnchen? Oder ein Vogel? Neugierig lief sie zu den Brombeerbüschen und quetschte sich durch die Ranken. Sie blieb an den Zweigen hängen, und die Beeren malten dunkle Flecken auf ihr rotes Kleid. Doch das war Lilou egal. Wenn es ein Eichhörnchen war, musste sie es unbedingt sehen! Schließlich waren Eichhörnchen ihre Lieblingstiere.

Lilou stolperte über eine Wurzel und fiel auf die Knie, zum Glück ins weiche Gras. Als sie den Kopf hob, blickte sie sich staunend um. Wo war sie denn jetzt gelandet? Der Garten von Oma Ida sah plötzlich ganz anders aus. Zwischen den Obstbäumen rund um eine Lichtung wuchsen Pflanzen, die Lilou nie zuvor gesehen hatte, mit exotischen Blüten in Lila, Rot und Himmelblau. Der Boden unter den Bäumen war bedeckt mit einem Teppich aus niedrigen Sträuchern voller Beeren, die so

süß dufteten wie Sirup. Und in der Luft schwirrten Marienkäfer. Wenn Lilou einen Finger ausstreckte, um sie zu berühren, hüpften sie in der Luft auf und ab und sausten schnell davon. Auch die Bäume selbst hingen voller reifer Früchte. Äpfel, Birnen und Pflaumen, wohin das Auge reichte. Lilou drehte sich verwundert im Kreis. Wo war das Haus von Oma Ida? Sie hatte doch eben noch vor der Terrasse gestanden und auf Enzo gewartet! Doch plötzlich sah sie nichts vor sich als diesen undurchdringlichen Urwald. Da war das Geräusch wieder! Ein Rascheln in den Brombeerbüschen, dann ein flinker brauner Körper, der über die Lichtung hüpfte. Es war tatsächlich ein Eichhörnchen!

»Warte!«, rief Lilou und lief dem Tierchen hinterher. Es war ganz schön flink, doch Lilou konnte auch ziemlich schnell rennen, wenn sie wollte. Sie sprang über einen umgefallenen Baumstamm, trat mit ihrer Sandale in eine matschige Birne, sodass es schmatzte, und verfolgte das Eichhörnchen im Slalomlauf um die Bäume und Blumen. War der Garten von Oma Ida schon immer so groß gewesen? Lilou konnte sich nicht daran erinnern, diese Ecke des Gartens jemals gesehen zu haben. Mit klopfendem Herzen blieb sie stehen. Sie befand sich jetzt vor einer Wiese, auf der sich Grashalme wiegten wie Wellen im Meer. Sie waren so hoch gewachsen wie Lilou selbst. Über ihr spannte sich der blaue Sommerhimmel. Oma Idas Haus konnte sie noch immer nicht sehen.

»Na, warte, du Eichhörnchen«, flüsterte Lilou, »ich finde dich schon!«

Einfacher gesagt als getan. Schließlich konnte Lilou im Gräsermeer rein gar nichts sehen. Dafür hörte sie etwas Seltsames. Die Grashalme murmelten. Sie schienen sich miteinander zu unterhalten.

»Einen wunderschönen guten Morgen, Frau Grünschilf!«

»Einen allerwärmsten Sommermorgen, Herr Wurzelgrün!«

»Seht ihr den blauen Himmel, meine Halmfreunde? Das wird ein ganz entzückender Tag werden!«

»Aber ja, Frau Wiegengras! Wir sollten tanzen. Allesamt im Takt auf mein Kommando: Eins, zwei, drei, Wellensamba!«

Und plötzlich schüttelten sich die Grashalme um Lilou herum, führten einen Tanz auf, der sie hin und her wirbelte, bis ihr ganz schwindelig wurde. Irgendwann schaffte Lilou es, den Ausgang aus dem Gräsermeer zu finden. Sie taumelte hinaus und stand plötzlich wieder unter dem Apfelbaum vor der Terrasse. Das rote Backsteinhaus von Oma Ida erhob sich vor ihr, und hinter ihr standen die Brombeerbüsche, so unschuldig, als sei nichts gewesen.

»Wo warst du?«, fragte Enzo. »Wir müssen doch zur Schule!«

Lilou starrte ihren Cousin an, als hätte sie einen Geist gesehen. Wo waren die exotischen Blumen? Die Marienkäfer und das Murmelgras? Plötzlich kletterte das Eichhörnchen neben ihr am Stamm des Apfelbaums hinauf.

»Hah!«, rief sie. »Da hab ich dich!« Sie wollte nach dem Tier greifen, doch es schlüpfte natürlich in Windeseile in die Baumkrone. Hatte Lilou sich das gerade nur eingebildet, oder hatte das Eichhörnchen ihr zugezwinkert?

»Enzo, hast du in Oma Idas Garten schon mal ein Gräsermeer gesehen, mit Halmen so hoch wie du selbst? Oder Blumen mit himmelblauen Blüten?«

Enzo schüttelte den Kopf. »Nee, das wäre mir aufgefallen. Wenn du an deinem ersten Schultag nicht gleich zu spät kommen willst, sollten wir aber los. Es ist schon halb acht!«

Lilou sah noch einmal verwundert zu den Brombeeren, doch dann nickte sie. Gemeinsam machten sie sich auf den Weg zur Grundschule von Wundernhausen, die Lilou von jetzt an besuchen würde. Denn sie war erst vor zwei Tagen mit ihren Eltern in Oma Idas altes Haus gezogen. Vorher hatten sie alle zusammen mit Tante Cécile und Enzo in Südfrankreich gelebt, der Heimat von Lilous Vater Bruno. Cécile und Enzo waren nur zu Besuch und wohnten so lange mit ihnen in Oma Idas Haus. Und weil Enzo sich dort ohne Lilou langweilte, begleitete er sie einfach in die Schule. Zum Glück hatten sie beide von Geburt an Deutsch und Französisch gelernt. So konnten sie sich auch in Wundernhausen problemlos verständigen.

Wie aufgeregt Lilou war, ihre neuen Mitschüler zu treffen! Ein bisschen machte sie sich auch Sorgen: Würde sie hier neue Freunde finden?

»Meine Mutter hat heute Morgen Erdbeertörtchen gebacken«, sagte Enzo vergnügt. »Sie ist extra um fünf Uhr früh aufgestanden, um die wilden Erdbeeren im Garten zu pflücken. Danach hat die ganze Küche geduftet wie eine Erdbeersirup-Fabrik. Ich habe zwei Törtchen für uns dabei, die können wir in der großen Pause essen.«

Er steckte die Brotdose mit den Törtchen in das Netzfach von Lilous Schulranzen. Die gab ein lautes »Mmh« von sich, lachte auf und griff nach Enzos Hand. Gemeinsam rannten sie durch die von Linden gesäumte Allee zur Schule.

2

Erdbeerliebe

Als sie beide schon das Schulgebäude in der Ferne erkennen konnten, sauste plötzlich ein Junge auf einem Skateboard an ihnen vorbei. Er kam ein paar Meter weiter zum Stehen und zog sich die Kappe vom Kopf. Darunter kam ein Wust rotblonder Wuschelhaare zum Vorschein.

»Hey«, sagte der Junge, »seid ihr neu hier? Ich bin Tim.«

»Hallo«, sagte Lilou und lächelte ihn an. »Lilou Caillou, und das ist mein Cousin Enzo. Ich bin gerade erst hergezogen, aus Frankreich.«

»Aus Frankreich? Wow! Echt cool. Und jetzt wohnt ihr in Wundernhausen?«

»Ja, aber nur ich. Enzo fährt wieder nach Frankreich zurück, wenn seine Ferien vorbei sind. Und so lange kommt er mit zur Schule, damit ihm nicht langweilig wird.«

Tim nickte auch Enzo zu, der begeistert sein Skateboard betrachtete. Enzo liebte Skateboards, Surfbretter oder Basketbälle. Er war nur ziemlich schlecht in allen Dingen, in denen man körperliches Geschick

beweisen musste. Dafür war er der beste Ideenfinder und Zeichner, den man auf dem Planeten finden konnte. Lilou wusste gar nicht, ob sie in irgendetwas besonders gut war. Vielleicht im Träumen? Denn das mit dem Garten eben musste ein Traum gewesen sein, anders konnte sie es sich nicht erklären!

»In welche Klasse gehst du?«, fragte Tim.

»3b«, antwortete Lilou.

»Cool, dann kommst du in meine Klasse zu Frau Fröhlich«, sagte er und hob die Hand zum Abklatschen. Lilou folgte seiner Aufforderung und schlug ihn ab.

»Ist sie denn nett?«, fragte sie.

»Klar! Vor allem fährt sie jeden Sommer nach Frankreich in den Urlaub. Pluspunkt für dich!«

Lilou schaute verlegen auf ihr rotes Kleid mit den Brombeerflecken und lief zwischen Tim und Enzo in Richtung Schule. Ab und zu blickte sie zur Seite und musste grinsen, denn Tim versuchte immer wieder, im Schritttempo auf seinem Board zu balancieren. Er sah dabei aus wie ein Hampelmann. Ein lustig-cooler Hampelmann. Und für einen kurzen Augenblick wagte Lilou zu hoffen, dass sie ihren ersten Freund in Wundernhausen gefunden hatte.

Doch dann passierte das Unglück mit den Erdbeertörtchen. Kleine, runde Törtchen mit Vanillecreme und wilden Erdbeeren aus Oma Idas Garten, frisch gebacken von Tante Cécile. Enzo hatte die Brotdose mit den Törtchen achtlos in das Netzfach von Lilous Schulranzen gesteckt. Und während sie mit Enzo und Tim die Allee hinaufspazierte, rutschte

die Dose aus dem Fach und landete auf dem staubigen Boden. Hätte sie doch nur niemand gefunden! Aber nein, die drei wurden verfolgt. Von einer Erdbeertörtchendiebin. Ihr Name war Elena.

Elena beäugte die drei Gestalten mit einigem Misstrauen. Was war das für ein fremdes Mädchen, das sich gleich an den Klassensprecher und Möchtegern-Skateboarder Tim rangewanzt hatte? Warum trug sie so ein auffallend rotes Kleid und hopste über die Allee wie ein kleines Kind? Elena rümpfte die Nase, strich ihr frisch gewaschenes braunes Haar hinters Ohr, griff nach der Brotdose, die am Boden lag, und machte sie auf. Erdbeertörtchen. Wie die dufteten! Wenn die Neue sie schon rumliegen ließ, würde sie ja sicher nichts dagegen haben, wenn Elena mal kostete. Sie vergrub die Zähne in dem Erdbeertraum, kaute, schluckte, leckte sich den Zuckerguss von den Lippen und seufzte. Schmeckte wirklich gut. Ehe die drei auf sie aufmerksam wurden, hatte sie beide Törtchen verputzt.

»Hey, ihr da!«, rief sie und eilte auf Tim und die beiden anderen zu. »Ich glaube, ihr habt was verloren.« Mit einem zuckersüßen Erdbeerlächeln hielt sie der Neuen mit den wilden blonden Haaren und der Stupsnase die Brotdose entgegen. »War einfach zu lecker, konnte mich nicht zurückhalten. Aber heul nicht, deine Mama backt dir bestimmt neue Törtchen. Ich bin übrigens Elena.«

»Lilou«, sagte Lilou und schaute enttäuscht auf die leere Brotdose.

Doch Elena achtete gar nicht mehr auf sie. Sie hatte nur noch Augen für Tim. Was war mit ihm geschehen? Warum leuchteten seine Haare, als hätten sie einen goldenen Heiligenschein? Warum war sein Lächeln plötzlich so süß und sein abgewetztes Skateboard das coolste, das Elena je gesehen hatte? Das konnte doch nicht wahr sein! Elena spürte ein Kribbeln im Bauch und das Schlagen ihres Herzens.

»Hey, Tim«, hauchte sie. So hatte sie ja noch nie mit ihm gesprochen! Normalerweise lästerte sie nur mit ihren Freundinnen über seine ungekämmten Haare und seine Skatermanöver, bei denen er sich ständig auf die Nase legte.

»Du siehst heute echt gut aus«, flötete sie. Die Worte machten sich selbstständig! »Sitzen wir gleich in Kunst nebeneinander?«

Und ehe der verdutzte Tim etwas erwidern konnte, drückte sie ihm einen Kuss auf die Wange. »Bis gleich!«, rief sie und lief kichernd davon.

»Was hat die denn genommen?«, fragte Tim verwirrt. »Die ist doch sonst nicht so.«

»Scheint in dich verliebt zu sein«, sagte Enzo.

»Elena in mich? Quatsch! Nie im Leben!«

Lilou aber blickte ratlos in die Brotdose. Der Geruch süßer Erdbeeren hüllte sie ein. Irgendwie hatte sie kein gutes Gefühl. Elena schien sie nicht zu mögen. Dafür mochte sie Tim umso mehr. Ausgerechnet Tim, der so nett zu ihr gewesen war! Und warum hatte jedes von Elenas Worten so intensiv gerochen wie das Erdbeershampoo, das Lilou immer benutzte?

Vielleicht waren die Törtchen schlecht gewesen. Vielleicht würde Elena sich wieder beruhigen. Ganz sicher würde sie das!

3

Herr Beerenblut

Das Schulgebäude war ein großes, vierstöckiges Haus aus rotem Backstein. Davor, auf dem Hof, stand eine riesige Kastanie, die laut Tim Hunderte Jahre alt war.

»Fast so alt wie unser Schulleiter, Herr Rübenkraut«, sagte er.

»Haben hier alle so seltsame Namen?«, fragte Enzo.

»Eigentlich nicht. Bis auf Frau Tulpenrot und Herr Morgengrün sind sie alle recht normal. Obwohl – Beerenblut, der Referendar, das ist auch ein seltsamer Name … Der Typ ist aber überhaupt nicht gruselig, falls ihr das jetzt denkt.«

Lilou und Enzo sahen sich verwundert an und zuckten mit den Schultern. Der Klassenraum der 3b lag im vierten Stock, und von hier oben hatte man einen Blick über ganz Wundernhausen und die umliegenden Weizenfelder.

»Schau nur«, sagte Lilou, »da ist Oma Idas Grundstück!« Tatsächlich war das alte Haus mit den roten Dachziegeln vom Klassenzimmer aus zu sehen. »Seltsam …«, flüsterte sie, »von hier oben sieht der Garten

gar nicht so groß aus. Dabei ist er in Wirklichkeit riesig. Allein das Gräsermeer ...«

»Was meinst du nur mit Gräsermeer?«, fragte Enzo, und Lilou beschloss, dass sie es ihm nach der Schule unbedingt zeigen musste.

Eigentlich hätten sie die erste Stunde bei Frau Fröhlich gehabt, doch stattdessen betrat der junge Referendar Micha Beerenblut das Klassenzimmer. Elena hatte sich sofort neben Tim gesetzt. Lilou und Enzo hatten in der hinteren Reihe Platz genommen. Tim schaute sich immer wieder verzweifelt zu den beiden um, weil Elena an ihm hing wie ein Klammeraffe. Auch ihre Freundinnen schienen es sehr seltsam zu finden, dass sich Elena Hals über Kopf in Tim verliebt hatte. Sie hatte ihn wohl nie besonders gut leiden können.

»Hallo, Kinder!« Herr Beerenblut schob seine große Hornbrille zurecht. »Frau Fröhlich ist leider von einer Hornisse gestochen worden und diese Woche krankgeschrieben, deswegen übernehme ich den Unterricht. Ich würde mal sagen, ihr packt eure Malsachen aus und zeichnet ein Bild von eurem schönsten Ferienerlebnis. Los geht's!«

»Aber Herr Beerenblut ...« Elenas nervige Stimme hallte durch das Klassenzimmer. »Wir haben doch eine neue Mitschülerin. Die da hinten mit den blonden Haaren. Sie hat sich noch gar nicht richtig vorgestellt.« Tim hatte den anderen Kindern bereits erzählt, dass Lilou von nun an in Wundernhausen lebte und Enzo nur zu Besuch war. Elenas falsches Lächeln traf Lilou durch die Stuhlreihen. Dann schmiegte sie wieder ihren Kopf an Tims Schulter. Die anderen Jungs in der Klasse lachten alle schon schadenfroh über das neue Pärchen. Tim saß einfach

nur zusammengekauert auf seinem Stuhl und lief jedes Mal rot an wie eine Tomate, wenn Elena ihn auf die Wange küsste.

»Oh, eine neue Mitschülerin«, sagte Herr Beerenblut überrascht, »das habe ich tatsächlich nicht gewusst. Möchtest du dich einfach mal vorstellen?«

Lilou war es sehr unangenehm, aufzustehen und zu all den neugierigen Augenpaaren zu sprechen, die sie beobachteten.

»Ähm, hallo«, sagte sie. »Ich bin Lilou Caillou, neun Jahre alt, und ich lebe jetzt in dem Haus von meiner Oma Ida. Also, eigentlich ist es mehr ein Urwald mit Haus. Na ja, auf jeden Fall bin ich in nichts besonders gut, außer vielleicht im Singen unter der Dusche. Ach, und das ist mein Cousin Enzo, er kommt diese Woche mit zur Schule, weil in Frankreich noch Sommerferien sind.« Da Lilou nicht wusste, was sie sonst noch sagen sollte, setzte sie sich wieder hin. Die anderen Schüler schauten sie immer noch neugierig an.

»Im alten Haus von Oma Ida, sagst du?« Micha Beerenblut sah Lilou aufmerksam an. »Ich wusste nicht, dass es wieder bewohnt ist.«

»Ja, Oma Ida hat es meiner Mutter nach ihrem Tod vererbt. Deswegen sind wir hergezogen und wohnen jetzt in Wundernhausen«, erklärte Lilou.

»Mhm, interessant«, sagte Beerenblut. Er schien ganz in Gedanken versunken.

»Was soll so interessant sein an diesem ollen Haus?«, fragte Elena und warf ihr langes braunes Haar über die Schultern. »Die alte Ida konnte nicht mal richtig Rasen mähen oder Unkraut jäten. Ihr Garten war immer der hässlichste von allen!«

»Du kanntest meine Oma?«, fragte Lilou neugierig. Sie selbst hatte Oma Ida leider nicht kennengelernt. Als sie noch ein Baby gewesen war, hatten sich ihre Mutter Anna und Oma Ida so heftig gestritten, dass sie danach nie wieder zu Besuch nach Wundernhausen gefahren waren.

»Natürlich.« Elena warf Lilou einen abfälligen Blick zu. »Jeder im Dorf kannte die verrückte Ida. Deine Oma hatte nicht alle Tassen im Schrank, zumindest sagen das die Erwachsenen. Am Ende hat sie sich nur noch in ihrem unordentlichen Garten herumgetrieben und sich gar nicht mehr im Dorf blicken lassen.«

Lilou spürte einen Stich in ihrer Brust. Warum sprach Elena so gemein über Oma Ida und ihren Garten? Wenn sie das Gräsermeer gesehen hätte wie Lilou, hätte sie sich sicher auch in den Garten verliebt!

»Elena, das reicht. Hol jetzt deine Malsachen hervor«, sagte Beeren-blut. »Und bitte nimm morgen nicht so viel Parfüm. Du riechst ja, als wärst du in einen Topf Erdbeermarmelade gefallen.«

Auch Lilou zog Mäppchen und Block aus dem Ranzen und begann mit einem traurigen Gefühl im Bauch, Gräser auf das Papier zu malen. Sie sah erst auf, als ein Schatten auf ihren Tisch fiel. Da stand Micha Beerenblut und schaute sie an. Er raufte sich mit einer Hand das Haar, während er das Gräsermeer begutachtete, das Lilou gemalt hatte.

»Lilou, Enzo? Bleibt bitte in der Pause kurz im Klassenraum, ich muss noch etwas mit euch besprechen«, sagte er. Dann ging er wieder davon.

Die beiden sahen sich überrascht an. »Meinst du, es hat was mit Oma Ida zu tun?«, fragte Enzo leise.

Lilou zuckte mit den Schultern. Doch während Elenas Erdbeerlachen durch den Raum hallte und Beerenblut nicht aufhörte, sie immer wieder zu mustern, ahnte sie, dass etwas Geheimnisvolles im Gange war.

Sie konnte ja nicht wissen, dass der ganze Schlamassel schon längst begonnen hatte. In dem Moment, als Tante Cécile Erdbeertörtchen gebacken hatte.

4

Eine Warnung von Oma Ida

Tim schien wirklich verzweifelt zu sein, dass Lilou und Enzo ihn nicht in die Pause begleiten konnten. So musste er sich die ganze Zeit Kosenamen anhören, die Elena sich für ihn ausdachte.

»Komm, Timmyboy!«, rief sie vergnügt. »Oder nenne ich dich lieber Wuschelpuschel wegen deiner Haare? Hach, ich weiß es nicht!«

Lilou und Enzo blieben auf ihren Plätzen sitzen, und Herr Beerenblut setzte sich ihnen gegenüber auf den Tisch. Die Fenster standen sperrangelweit offen. Von draußen drangen Vogelgezwitscher und Pausenlärm in die Klasse.

»Also ...«, sagte Herr Beerenblut. »Wo soll ich nur anfangen?« Er fuhr sich wieder mit der Hand durchs Haar, sodass dieses nach allen Seiten abstand.

»Vielleicht damit, warum Sie mit uns sprechen wollten?«, fragte Lilou neugierig.

»Ja ... Ich bin mir nur nicht ganz sicher, wie ich es euch am besten erkläre ... Ach, was soll's! Ich zeige es euch einfach.«

»Was wollen Sie uns zeigen?«, fragte Enzo.

»Das Geheimnis von Oma Idas Haus. Folgt mir unauffällig!«

Micha Beerenblut öffnete die Tür und lugte in den Flur. Weit und breit war niemand zu sehen. Kein Wunder, sie tobten ja auch alle auf dem Schulhof unter der großen Kastanie. Auf leisen Sohlen schlichen Lilou und Enzo hinter Beerenblut her. Er führte sie durchs Treppenhaus mit dem grünen Geländer. Die Wände im Schulgebäude bestanden auch aus rotem Backstein. Beerenblut nahm eine dunkle Treppe, die in den Keller führte. Davor stand ein großes Schild: *Zutritt für Schüler verboten.*

»Dafür können wir ganz schön Ärger kriegen«, flüsterte Enzo. Er schien Beerenblut nicht gerne in diesen Keller zu folgen.

»Wir begleiten doch nur einen Lehrer«, sagte Lilou. Im Gegensatz zu Enzo konnte sie es gar nicht erwarten, zu sehen, was Beerenblut ihnen zeigen wollte. Welches Geheimnis verbarg sich hier im Schulkeller?

Als sie unten ankamen, schaltete Beerenblut das Licht an. Eine Neonröhre an der Decke flackerte auf. Hier unten war die Luft kalt und feucht, trotz der Sommerhitze, die draußen herrschte.

»Als ich mein Referendariat begonnen habe, musste ich Akten ordnen«, sagte Beerenblut. Er deutete auf die vielen Regale, die hier unten im Keller standen. »Aktenberge, wohin das Auge reicht«, sagte er. »Hier bewahrt die Schule alle Dokumente auf, die sie eigentlich gar nicht mehr braucht.«

Der ganze Raum war gefüllt mit Papier, das in Aktenordnern abgeheftet worden war.

»Warum schmeißt die Schule das nicht einfach weg?«, fragte Enzo.

Beerenblut zuckte mit den Schultern. »Auf jeden Fall ist mir beim Sortieren der Unterlagen etwas aufgefallen, das euch interessieren dürfte.« Er eilte zu einem der Regale und suchte nach einem bestimmten Ordner. »Da haben wir es!«, rief er. Hektisch blätterte er ihn durch und zog ein zerknittertes Blatt Papier hervor.

»Das war mal ein Papierflieger, der einem Schüler im Unterricht abgenommen wurde«, erklärte er.

Lilou sah ihren Lehrer enttäuscht an. Ein Papierflieger? Das sollte die große Überraschung sein?

»Interessant ist aber«, fuhr Beerenblut fort, »was auf der Rückseite steht. Seht nur!« Er hielt Enzo und Lilou das Blatt entgegen, und sie entzifferten die Buchstaben, die von Hand geschrieben worden waren.

»ACHTUNG! Dies ist eine eindringliche Warnung an alle Kinder!«, las Lilou laut vor. »Haltet euch von meinem Garten fern, sonst verwandelt ihr euch in eine hässliche Kröte. Bekommt rotstichige Pickel. Oder werdet euer Leben lang unglücklich verliebt sein. Gezeichnet: Ida Rosenzweig.«

»Oma Ida«, flüsterte Enzo, und er hatte recht. Rosenzweig war der Nachname ihrer Oma gewesen. Auch Lilous Mutter Anna hatte diesen Namen getragen, bis sie Bruno Caillou geheiratet hatte.

»Damals hingen diese Zettel wohl im ganzen Dorf«, erklärte Beerenblut. »Ein Junge hat daraus diesen Papierflieger gebastelt, der vom Lehrer einkassiert wurde. Eure Oma hat diese Warnungen überall aufgehängt, weil sich ein Mädchen aus dem Dorf heimlich in ihren Garten geschlichen hatte. Das arme Mädchen hatte danach eine Woche lang Schluckauf und ständig von sprechenden Monsterpflanzen und singenden Tomaten erzählt. Alle hielten sie für verrückt! Und seitdem hat es kein Kind mehr gewagt, in Idas Garten einzudringen.«

»Was wollen Sie uns damit sagen?«, fragte Lilou. »Dass unsere Oma tatsächlich eine verrückte Hexe war?«

»Nein, das war sie nicht«, sagte Beerenblut lächelnd. »Sie war bloß die begnadetste Wundergärtnerin, die dieses Land je gesehen hat.«

Plötzlich klingelte es zur nächsten Schulstunde. Beerenblut stopfte den Zettel erschrocken zurück in den Ordner.

»Oh nein, schon so spät«, schimpfte er. »Ich muss doch zur Turnhalle, die Viertklässler warten auf mich!«

Eilig schob er Lilou und Enzo in Richtung Treppe und löschte das Licht. »Ich möchte euch nur warnen, Kinder«, sagte er noch leise. »Dieser Garten ist kein gewöhnlicher Garten. Treibt euch dort niemals allein herum, und bitte, bitte – kommt auf gar keinen Fall auf die Idee, irgendetwas zu essen, das in diesem Garten wächst. Das könnte ganz

Wundernhausen ins Chaos stürzen. Falls ihr mal Hilfe brauchen solltet – fragt meinen Großvater, Albrecht Beerenblut. Er ist euer Nachbar, und keiner kannte Ida Rosenzweig so gut wie er.«

Mit diesen Worten hastete er, so schnell ihn seine langen Beine trugen, in Richtung Turnhalle.

Lilou und Enzo sahen sich an, beide mussten schlucken. Die Erdbeeren! Elena hatte Erdbeeren aus Idas Wundergarten gegessen! Sie hatte sich zwar nicht in eine hässliche Kröte verwandelt und auch keine rotstichigen Pickel bekommen, aber sie hatte sich verliebt. Hals über Kopf. In den armen Tim. Was hatten sie bloß angerichtet? Und wie konnten sie das wieder rückgängig machen?

5

Pfefferminzpech

Lilou wollte unbedingt mit Tim über das Erdbeerproblem sprechen, doch Elena wich nicht von seiner Seite. Die anderen Kinder waren zwar auch sehr nett, doch Tim war eindeutig der netteste von allen. Und ausgerechnet der wurde jetzt von den anderen Jungs gehänselt, weil Elena sich aufführte wie eine verliebte Erdbeere.

»Das ist alles unsere Schuld«, sagte Lilou auf dem Nachhauseweg zu Enzo. »Wir müssen etwas unternehmen! Wir brauchen ein Gegenmittel.«

»Du meinst, es gibt ein Gegenmittel? Und wie sollen wir das finden?«, fragte Enzo und kickte einen Stein beiseite.

»Wir müssen noch mal in den Garten«, sagte Lilou bestimmt. »In den Wunderteil des Gartens, meine ich. Ich war heute Morgen dort, das Eichhörnchen hat mich hingeführt. Es gibt garantiert ein Gegenmittel, das gibt es immer!«

»Wenn du meinst ...«, sagte Enzo. Er klang nicht überzeugt. Wahrscheinlich gruselte er sich vor Oma Idas Wundergarten. Wer hatte schon

Lust auf Schluckauf, Kröten oder Pickel? »Aber sollten wir nicht lieber unsere Eltern einweihen?«, fragte er noch.

»Bloß nicht! Die verbieten uns sonst womöglich, in den Garten zu gehen, und dann ist Tim verloren. Das können wir ihm wirklich nicht antun!«

»Aber vielleicht kennt deine Mutter das Gegenmittel! Sie war schließlich Idas Tochter.«

Lilou schüttelte den Kopf. Sie waren mittlerweile in die Auffahrt eingebogen, die zu Oma Idas Haus führte. Neben der Eingangstür wuchs ein großer Fliederbaum, von den Dachgiebeln pfiffen die Spatzen, und die Luft roch nach Rosen und Butterkuchen.

»Das glaube ich nicht«, sagte Lilou, bevor sie auf die Klingel drückte. »Mama weiß nichts von Idas Geheimnis. Sonst würde sie Tante Cécile keine Erdbeeren aus dem Garten ernten lassen.«

Enzo nickte, das klang logisch.

»Hallo, meine kleinen Schätze«, rief Tante Cécile, die ihnen die Tür öffnete. Sie trug eines ihrer bunt bestickten Wollkleider und hatte das lange schwarze Haar mit einem orangefarbenen Tuch zusammengebunden. Enzo ähnelte seiner Mutter sehr. Wie auch Lilous Vater Bruno hatten alle Caillous dunkelbraune Augen, wie geschmolzene Schokolade, und braun gebrannte Haut – von der Sonne Südfrankreichs. Auch Lilou hatte diese Augenfarbe geerbt. Nur ihre Haare, die waren hellblond wie die ihrer Mutter Anna.

»Wie gut, dass ihr da seid«, trällerte Cécile mit ihrem französischen Akzent. »Dein Vater, Lilou, ist heute unausstehlich, und deine Mutter

ist schon wieder in den Baumarkt gefahren. Sie will doch morgen ihren Laden eröffnen!«

Lilous Mutter plante, im Wintergarten von Oma Idas Haus einen Bastelladen zu eröffnen. Sie wollte Stoffe, Wolle, Perlen, Farben und ihren selbst gemachten Schmuck verkaufen.

»Ich hab dich ganz genau gehört, Cécile!«, rief Lilous Vater Bruno aus dem Wohnzimmer. »Ich bin nicht unausstehlich – ich bin ein Pechvogel!«

Lilou und Enzo durchquerten den langen dunklen Flur, der zum Wohnzimmer führte. Oma Idas Haus war so groß, dass man in den Gängen ein Wettrennen veranstalten konnte. Es gab zwei Stockwerke, knarzende Holztreppen, ziemlich alte Möbel und gerüschte Blümchengardinen. Lilou hatte sich natürlich längst ein Zimmer ausgesucht – ein Raum im oberen Stock, dessen Fenster zum Garten hinausging. Wenn sie den Arm aus dem Fenster streckte, konnte sie sogar die Blätter des Apfelbaums berühren. Ein Traum! Ihre Sammlung von Teddybären fühlte sich schon jetzt richtig wohl hier. Und über dem Bett hing ihre riesige Weltkarte, auf der Lilou eingezeichnet hatte, wohin sie überall reisen wollte, wenn sie groß war.

Bruno lag im Wohnzimmer auf dem Sofa und hielt sich einen Eisbeutel an den Kopf.

»Was ist denn mit dir passiert, Papa?«, fragte Lilou.

»Ach, heute ist nicht mein Tag«, schimpfte Bruno. »Erst verliere ich meine Armbanduhr, dann verschütte ich Kaffee auf den Klassenarbeiten meiner Französischschüler. Als wäre das nicht genug, brennen mir

die Nudeln für das Mittagessen an, und ich stoße mit dem Kopf gegen die bescheuerte Dunstabzugshaube. Und wisst ihr, was das Schlimmste ist? Das Ganze fing an, nachdem ich mir die Zunge an diesem elenden Pfefferminztee verbrüht habe!«

»Das war kein elender Pfefferminztee«, sagte Cécile, die ebenfalls ins Wohnzimmer getreten war. »Ich habe ihn frisch für dich aufgebrüht, mit feinster Minze aus dem Garten.«

»Aus Oma Idas Garten?«, fragte Lilou.

»Natürlich«, sagte Cécile. »Genau wie die Erdbeeren. Wie haben euch die Törtchen geschmeckt, meine zwei Süßen?«

Sie schaute Enzo und Lilou erwartungsvoll an.

»Bestens«, sagte Lilou schnell, bevor Enzo überhaupt reagieren konnte. »Vorzüglich, exzellent! Sie haben geschmeckt wie im Erdbeerhimmel.«

»Oma Idas wilder Garten ist tatsächlich wie ein Himmel«, schwärmte Cécile. »Ein Paradies für Obst, Gemüse und Kräuter. Ich werde noch sooo viel für euch zubereiten, lasst euch überraschen, meine kleinen *chéris*.«

»Vielleicht sollten wir erst mal überprüfen, ob diese Zutaten wirklich … normal sind«, warf Lilou ein, doch Tante Cécile war schon wieder in der Küche verschwunden.

»Es gibt Spaghetti bolognese!«, rief sie fröhlich.

Gut, dachte Lilou. Spaghetti und Hackfleisch wuchsen schließlich nicht im Garten.

Bruno schaffte es, sich beim Essen zwei Löffel Bolognesesoße über die Hose zu kippen. Außerdem stieß er sich den kleinen Zeh am Tischbein.

»Pfefferminzpech, eindeutig«, flüsterte Lilou Enzo zu. »Wir müssen etwas unternehmen!«

6

Der sprechende Blutweiderich

Niemand achtete auf Lilou und Enzo, als sie sich in den Garten schlichen. Die Erwachsenen waren viel zu sehr mit sich selbst beschäftigt. Lilou zog Enzo zu den Brombeerbüschen und quetschte sich mit ihm durchs Gestrüpp. Doch anstatt auf der Lichtung mit den vielen Beeren und Marienkäfern zu landen, standen sie noch immer in der Nähe des Apfelbaums und der Terrasse. Vor ihnen befand sich die weiße Gartenlaube mit den Rosenranken.

»Aber hier sieht doch alles aus wie immer«, sagte Enzo. »Ich kann weit und breit keine Wunderpflanzen erkennen. Und auch kein Gräsermeer.«

Enzo hatte sich Brunos Fotoapparat um den Hals gehängt, damit er Bilder vom Wundergarten schießen konnte. Außerdem trug er ein leeres Notizbuch und einen Bleistift bei sich.

»Wenn wir schon auf Forschungsmission gehen, dann richtig«, hatte er gesagt. »Alles, was uns auffällt, schreiben wir in dieses Notizbuch. Ich kann auch Zeichnungen anfertigen.«

Ungeduldig blickte Lilou sich im Garten um. »Wir müssen nach dem Eichhörnchen suchen«, sagte sie. »Das letzte Mal hat es mich in den Wundergarten geführt.«

Also machten sie sich auf die Suche. Sie staksten durch das Gemüsebeet und traten dabei die Petersilie platt. Sie schauten hinter den großen Sonnenblumen nach, die an der Hauswand wuchsen. Und sie kletterten auf den Apfelbaum. Fehlanzeige. Doch plötzlich bewegten sich die Rosenköpfe bei der Gartenlaube. Enzo und Lilou liefen darauf zu und sahen gerade noch, wie das Eichhörnchen an der Laube hinaufkletterte und zwischen den weißen Holzbalken in den hinteren Teil des Gartens sprang. Die beiden betraten die Laube und kletterten ebenfalls durch die Lücken in der Rückwand. Und als sie mit den Füßen wieder den Boden berührten, hatte sich der Gar-

ten verändert. Die Rosen, die die Laube schmückten, dufteten plötzlich so intensiv, dass Lilou der Kopf schwirrte. Um sie herum wuchsen riesige orangefarbene Kürbisse. Ihre Blätter tanzten in der Luft wie anmutige Balletttänzerinnen. Ein kleiner Bachlauf schlängelte sich unter dunklen Tannenzweigen hindurch. An seinem Ufer wuchsen Blumen, die glitzerten wie Sterne. Enzo stand wie eingefroren da, bevor er realisierte, dass Lilou recht gehabt hatte. Dieser Garten war wirklich verzaubert! Schnell griff er zum Fotoapparat und lichtete alles ab.

Das Eichhörnchen sprang über den Bach und lief tiefer in den Tannenwald hinein.

»Komm, wir folgen ihm!«, rief Lilou. Sie hatten Mühe, mit dem Tier Schritt zu halten, und irgendwann entschwand es aus ihrem Blickfeld.

Außer Puste blieb Enzo stehen. »Wo sind wir?«, fragte er und schaute sich ein wenig ängstlich um.

Sie waren an einem Teich angelangt, auf dem cremefarbene Seerosen schwammen. Einen solchen Teich hatte Lilou garantiert noch nicht in Oma Idas Garten gesehen! Er war umgeben von einem Kiesbeet, in dem Pflanzen und Kräuter wuchsen, die alle ihr eigenes Namensschild hatten.

Der Wundergarten muss eine Art unsichtbarer Parallelgarten sein, der sich in Oma Idas eigentlichem Garten versteckt, überlegte Lilou. Und die Zugänge kennt anscheinend nur das Eichhörnchen. Lilou blieb vor einem Kraut stehen, das ihr bis zum Bauch reichte und pinkfarbene Blüten hatte. Auf dem Schild, das daneben in der Erde steckte, stand der Name »Blutweiderich«. Welch seltsamer Name für eine so schöne Pflanze!

»Wer hat dir nur einen so hässlichen Namen gegeben?«, murmelte Lilou und berührte dabei eine der kleinen Blüten.

»Deinesgleichen, wer sonst? Ihr Menschen kommt sowieso auf die allerdümmsten Ideen«, antwortete der Blutweiderich plötzlich mit einer Männerstimme. Lilou wäre vor Schreck fast rückwärts gegen Enzo gestolpert. Der hielt in seiner Zeichnung inne und starrte den Blutweiderich an, als sei er ein Alien.

»Jetzt mal ehrlich«, sprach das Kraut weiter, »nur weil meine Blüten im Mittelalter als blutstillendes Heilmittel genutzt wurden, muss man mir doch nicht gleich so einen dämlichen Namen verpassen, oder?«

»D-d-du kannst sprechen?«, stammelte Lilou.

»Könnte sein«, unkte der Blutweiderich. »Oder du leidest an Halluzinationen.«

»Ich kann dich ebenfalls hören«, rief Enzo.

»Sag bloß«, knurrte der Blutweiderich. »Ihr seid ja zwei ganz helle Köpfchen.«

»Aber wie kann das sein?«, fragte Lilou.

»Tja, das hättest du mal deine Großmutter fragen müssen. Die hat mich schließlich aus meinem Heimatgarten in den Alpen gestohlen! Dort hatte ich ein schönes Leben an einem Tümpel, mit Blick auf die herrliche Bergwelt.«

»Was meinst du damit? Oma Ida soll eine Blumendiebin gewesen sein?«

»Aber hallo! Sie war die schlimmste von allen! Irgendwie hat sie sich in den Kopf gesetzt, dass ich in ihrer Sammlung nicht fehlen dürfe. Was

die meisten nämlich nicht wissen: Mein Blütensaft glättet Falten, ruck, zuck im Nullkommanix.«

»Reden alle Pflanzen so seltsam wie du?«, fragte Lilou.

»Ich bitte dich, ich bin doch kein gewöhnliches Grünzeug! Ich gehöre zur Gattung der Wunderpflanzen!«

»Von einer solchen Gattung habe ich noch nie gehört.« Lilou verschränkte die Arme vor der Brust. Sie würde sich doch von einem Blutweiderich keinen Bären aufbinden lassen!

»Tja, Fräulein Naseweis, dann bist du wohl noch nicht allzu viel in der Welt herumgekommen. Man findet uns nur in ganz besonderen Gärten. Oder eben auf diesem trostlosen Stück Land, auf das deine Oma mich verschleppt hat!«

»Ist die Minze im Garten etwa auch so eine Art Wunderpflanze?«, fragte Enzo aufgeregt.

»Oh, die alte Pechminze, aber sicher doch. Kein angenehmer Charakter … Hat die schlechte Laune für sich gepachtet und lässt sie an anderen aus, indem sie ihnen Pech bringt.«

»Wenn du so viel weißt, kannst du meinem Vater sicher helfen«, sagte Lilou aufgeregt. »Gibt es irgendeine Medizin gegen das Pfefferminzpech? Eine Art Gegenmittel?«

»Oh ja …« Fast wirkte es so, als würde sich der Blutweiderich ein wenig krümmen vor Lachen. Das war doch alles absolut unmöglich! Vielleicht halluzinierte Lilou ja wirklich? »Lass ihn an den Sonnenblumen riechen. Die vertreiben das Pech im Nullkommanix.«

»Ist das dein Lieblingswort? Nullkommanix?«

»Du könntest auch einfach Danke sagen, Fräulein Naseweis. Schließlich habe ich deinem Vater grade den Tag gerettet.«

»Danke, Herr Blutweiderich.« Lilou kratzte sich verwirrt am Kopf. »Und da du so viel weißt, kannst du uns sicher noch bei einem anderen Problem helfen!«

»Was denn noch? Sehe ich so aus, als hätte ich nichts Besseres zu tun, als mich mit zwei grünschnäbeligen Menschen zu unterhalten? Die auch noch die Nachfahren der abscheulichen Blumendiebin sind?«

»Ich glaube, du hast tatsächlich nichts Besseres zu tun«, stellte Enzo fest. »Ist es hier nicht ziemlich langweilig?«

»Pff«, machte das Kraut abfällig und schüttelte seine Blüten. »Freche Gören!«

»Was hilft gegen Erdbeerliebe?«, fragte Lilou schnell, bevor sie es sich ganz mit dem Blutweiderich verscherzten. »Mein neuer Freund Tim steckt in ziemlichen Schwierigkeiten. Elena mag ihn eigentlich gar nicht! Aber sie hat von den Erdbeeren aus dem Garten gegessen, und jetzt glaubt sie, dass sie in ihn verliebt ist!«

»Was für ein Schlamassel«, stellte der Blutweiderich nüchtern fest. »Ihr Menschen seid in dieser Hinsicht aber auch äußerst kompliziert … Liebe … Pff.«

»Also?«, fragte Enzo. »Gibt es ein Gegenmittel?«

Der Blutweiderich schien lange nachdenken zu müssen. Die Anspannung zwischen Lilou und Enzo flirrte förmlich in der Luft.

»Ein Mittel gegen die Liebe, quasi ein Anti-Liebeszauber ...«, sprach er dann. »Sehr komplizierte Sache. Ich habe kein Patentrezept für euch. Aber ich könnte mir vorstellen, dass die Blüten des roten Klatsch-  mohns helfen könnten. Sie haben eine Wirkung, die ... nun ja ... sagen wir mal ... zerstörerisch ist.«

»Zerstörerisch? Was soll das denn nun heißen?«, fragte Enzo.

»Na, dass sie die Liebe zerstören!«, rief Lilou. »Das ist doch genau das, was wir brauchen!«

Enzo schien noch zu grübeln, doch Lilou war sich sicher, dass der Mohn ihre Rettung sein könnte.

»Sie muss die Blüten allerdings verspeisen«, sagte der Blutweiderich.

»Kein Problem«, sagte Lilou. »Das kriegen wir hin!«

»Und wo finden wir diesen Klatschmohn?«, fragte Enzo.

»Gleich hinter den Tannen«, sagte der Blutweiderich. »Dort trefft ihr auf eine Wiese, die übersät ist von rotem Klatschmohn. Wenn ihr einen Purzelbaum auf dieser Wiese macht, landet ihr auch wieder unter eurem Apfelbaum.«

»Wirklich?«, fragte Enzo überrascht. Doch Lilou zog ihn bereits mit sich in Richtung Wiese.

»Danke, Herr Blutweiderich«, rief sie über die Schulter. Doch dann fiel ihr noch etwas Wichtiges ein, und sie ging noch einmal zurück.

»Eine allerletzte Frage«, sagte sie. »Gibt es hier noch mehr Wunder-pflanzen, vor denen wir uns in Acht nehmen sollten?«

Der Blutweiderich aber stand ganz still am Teich und gab keinen Ton mehr von sich. Auch nicht, als Lilou an seinen Stielen zupfte und drohte, ihn zu Anti-Falten-Creme zu verarbeiten. So ein Dickkopf! Egal, sie mussten sich jetzt um die Mohnblüten kümmern!

7

Sonnenblumenlachen

Die Wiese hinter den Tannen war übersät von roten Blumen. Wie rote Farbtupfen ragte der Mohn zwischen den Grashalmen hervor. Lilou und Enzo gingen in die Knie und pflückten so viele Blütenblätter, wie sie in ihren Taschen tragen konnten. Dann machten sie einen Purzelbaum und – schwups – standen sie wieder unter dem Apfelbaum, wie der Blutweiderich es vorhergesagt hatte.

Tante Cécile war sofort Feuer und Flamme, als Enzo ihr von der Idee erzählte, Mohnblütenbonbons herzustellen.

»Deine neuen Freunde in der Schule werden entzückt sein, Liloulein«, schwärmte sie. »Meine Bonbons sind magisch!«

Das glaubte Lilou sofort. Vor allem, wenn die Zutaten aus einem Wundergarten kamen.

Gemeinsam pressten sie den Saft aus den Blüten. Dann rührte Cécile ihn mit etwas Wasser in einem großen Topf unter einen Haufen Zucker, der langsam zu schmelzen begann. Für die rote Farbe gab sie noch etwas Paprikaextrakt dazu. In der Küche roch es so klebrig-süß

wie in einem Schloss aus Zuckerstangen. Lilou lief nervös um den Tisch herum, während Cécile die klebrige Mohnblumen-Zucker-Masse zum Auskühlen auf ein Backblech goss. Als diese etwas fester geworden war, durften Lilou und Enzo die Masse in Stücke brechen und die einzelnen Bonbons in Form bringen. Anschließend bestäubte Cécile die Mohnstückchen noch mit Puderzucker und legte sie liebevoll in eine kleine Blechdose. Auf deren Deckel waren Mohnblumen abgebildet.

»Perfekt«, stellte sie zufrieden fest. »Süße kleine Pausenfüller.« Sie drückte Lilou die Dose in die Hand und gab ihr einen Kuss auf die Stirn.

»Auch wenn sie süß schmecken – diese Bonbons sind alles andere als harmlos«, sagte Enzo, nachdem seine Mutter die Küche verlassen hatte. »Schließlich haben sie eine zerstörerische Wirkung.«

»Wir müssen gut auf sie aufpassen«, stellte Lilou fest und drückte die Dose feste an ihre Brust. »Nur Elena darf eins der Bonbons lutschen.«

»Versteck sie bis dahin lieber in deinem Zimmer.«

Lilou nickte. Sie wollten schließlich nicht noch mehr Chaos anrichten.

Am Abend fand Lilou ihren Vater im Garten vor. Bruno saß unter dem Apfelbaum und schien etwas im Gras zu suchen.

»Was machst du hier, Papa?«, fragte Lilou.

Bruno zuckte mit den Schultern und sah sie niedergeschlagen an. »Eigentlich wollte ich Rasen mähen, doch deine Mutter hat recht: Bei

meiner Pechsträhne sollte ich das lieber nicht tun. Sonst explodiert noch der Rasenmäher, oder ich fahre mir damit über den Fuß. Also suche ich nach einem vierblättrigen Kleeblatt. Die sollen schließlich Glück bringen.«

»Ich habe eine bessere Idee!« Lilou führte ihren Vater zu den Sonnenblumen, die an der Hauswand in die Höhe wuchsen.

»Schnuppere an den Sonnenblumen«, forderte sie ihn auf.

»Warum sollte ich das tun?« Bruno schaute verwirrt auf Lilou hinab. Er wirkte müde und brummig. Wegen seiner Pechsträhne hatte er sich nicht rasiert, und in seinen braunen Schokoladenaugen fehlte das übliche Funkeln.

»Sie riechen sehr seltsam«, log Lilou.

Bruno beugte sich vor und steckte die Nase in eine der Sonnenblumen. Dann atmete er tief ein. Und im selben Augenblick begann er zu strahlen wie eine aufgehende Sonne. Der Effekt währte allerdings nur kurz. Denn als Bruno sich wieder aufrichtete und Lilou anschaute, musste er plötzlich lauthals loslachen. Das Lachen klang ein bisschen so, als tanzten fröhliche Sonnenblumen aus seinem Mund. Er konnte anscheinend gar nicht mehr damit aufhören, und nach kurzer Zeit saß er wieder japsend im Gras und hielt sich den schmerzenden Bauch.

»Ein Lachkrampf«, presste er hervor, »ich habe einen Lachkrampf!«

»Wegen der Sonnenblumen?«, fragte Lilou.

»Sie riechen wirklich seltsam. Wie eine Mischung aus Zitrone und Popcorn. Das ist eigentlich unmöglich, oder?«

Und wieder begann er sich vor Lachen zu krümmen.

»Was ist mit deiner Pechsträhne?«, fragte Lilou, die die Sonnenblumen misstrauisch beäugte.

»Was für eine Pechsträhne?«, kicherte Bruno. »Ich bin doch ein wahres Glückskind! Ich fühle mich fantastisch!« Er warf die Hände in die Luft und lachte den blauen Himmel an. Jetzt lag er sogar rücklings im Gras. So glücklich hatte Lilou ihren Vater schon lange nicht mehr gesehen. Das Problem war nur, dass er einfach nicht mehr aufhörte, zu lachen. Er verhielt sich nicht mehr wirklich wie ein Vater. Eher wie ein kleines Kind. Die Sonnenblumen hatten ihn vom Pfefferminzpech befreit. Dafür hatten sie ihn mit ihrem Sonnenlachen infiziert. Konnte denn nicht einmal etwas glattgehen in diesem Wundergarten?

Lilou brachte Bruno zurück ins Haus. Anna und Cécile wollten ihr zunächst gar nicht glauben, dass Bruno nicht mehr aufhören konnte, zu lachen. Doch als sie gemeinsam auf dem Sofa saßen, um eine DVD zu schauen, gluckste Lilous Vater noch immer vor sich hin.

»Morgen ist doch meine Ladeneröffnung«, sagte Anna und sah Lilou besorgt an. »Was machen wir, wenn dein Vater bis dahin immer noch lacht?«

»Es tut mir leid, Mama«, sagte Lilou und schmiegte sich in die Arme ihrer Mutter.

»Ach, das ist doch nicht deine Schuld«, sagte Anna.

Und wie das ihre Schuld war! Andererseits war Lachen ja auch schöner als Pech, oder? Lilou hoffte nur, dass sich ihr Vater über Nacht irgendwie beruhigen würde.

Als Lilou schon im Bett lag, trat Anna noch mal in ihr Zimmer.

»Was für ein Ausblick«, sagte sie seufzend und schaute aus dem Fenster in den abendlichen Garten. Langsam dämmerte es, die Vögel zwitscherten immer noch. »Es ist ja fast so, als würde der Baum in dein Zimmer wachsen.«

»Oma Idas Garten ist ein Zaubergarten, weißt du?«, sagte Lilou und kuschelte sich in ihre Bettdecke.

Ihre Mutter setzte sich neben sie aufs Bett und strich ihr übers Haar.

»Ja, das ist er wohl«, sagte sie dann. »Du fühlst dich also wohl hier? Auch in der neuen Schule?«

Lilou nickte.

»Mama?«

»Ja?«

»Hatte Oma Ida früher einen Beruf?«

»Sie war Gärtnerin. Warum fragst du?«

»Nur so.«

»Meinst du, sie wäre stolz darauf, dass ich morgen in ihrem Wintergarten meinen eigenen Laden eröffne?«, fragte Anna.

Jetzt war es Lilou, die sich aufrichtete und heftig nickte. »Und wie sie das wäre! Dein Schmuck ist ja irgendwie auch Zauberei.«

Anna lachte. Ihr blondes Haar reichte ihr bis zum Kinn, und ihre Augen leuchteten im Abendlicht frühlingswasserblau. Anna war eine wahre Schmuckzauberin. Sie bastelte die schönsten Dinge aus Edelsteinen, Holz, Blüten und Blättern.

»Wenn die Ladeneröffnung über die Bühne gegangen ist, muss ich dir unbedingt mal wieder ein Kleid nähen«, sagte sie. »Was hältst du von einem bunten Gartenkleid?«

»Inspiriert von Omas Wundergarten?«

»Das ist eine gute Idee!«

Lilou spürte ihr Herz vor Aufregung klopfen. »Das wird großartig werden! Du musst Blumen draufsticken, die leuchten wie Sterne, und tanzende Kürbisse, ein Gräsermeer und Sonnenblumen und … einen Blutweiderich.«

»Einen Blutweiderich? Wie sieht denn so was aus?«

»Enzo hat ihn gezeichnet.«

Anna lächelte. »So machen wir das«, sagte sie dann. »Aber erst mal wird eine Runde geschlafen. Gute Nacht!«

Sie schloss den Rollladen und verließ das Zimmer. Und Lilou träumte von einem Zauberkleid in einem Zaubergarten voller Sternblumen und Mohnblütenbonbons.

8

Aktion Mohnblume

Am Morgen saß Bruno gut gelaunt am Frühstückstisch und summte vor sich hin. Das Dauerlachen war verschwunden.

»Warum musst du nicht mehr die ganze Zeit lachen?«, fragte Lilou, der ein Stein vom Herzen fiel. Ein ganz besonders großer.

»Keine Ahnung.« Bruno warf pfeifend ein Französischbuch in seine Arbeitstasche. »Nach dem Duschen waren die Lachkrämpfe verschwunden. Als hätte das Wasser sie fortgespült.«

Alle waren glücklich an diesem Morgen. Brunos gute Laune schien ansteckend zu sein. Außerdem freuten sie sich sehr auf den Abend, an dem Anna mit einer Feier ihren Laden eröffnen würde.

»Perfekter Tag für unsere ›Aktion Mohnblume‹, oder?«, fragte Enzo, während sie auf dem Weg zur Schule waren.

Lilou nickte. Sie hatte am Morgen schnell noch Blüten und Pflanzen im Garten gepflückt, die sie für den Sachunterricht mitbringen sollten. Somit befand sich eine Tüte voller Blütenblätter, Löwenzahn und Johannisbeeren neben der Bonbondose in ihrem Schulranzen.

Der Tag konnte beginnen! Endlich würde alles wieder ganz normal werden.

Keine Unterrichtsstunde war besser für die »Aktion Mohnblume« geeignet als Sachkunde. Ihre Lehrerin Frau Sauerampfer, die laut Tim immer schlecht gelaunt war, ließ sie die Tische für eine Gruppenarbeit zusammenschieben. Lilou und Enzo fanden sich so an einem Arbeitstisch mit Tim und Elena wieder. Sie sollten ihre mitgebrachten Gartenpflanzen ausbreiten und ein eigenes Gartenlexikon dazu anfertigen. Scheinbar unabsichtlich legte Lilou die Bonbondose zu dem mitgebrachten Grünzeug.

»Was ist das?«, fragte Elena sofort. Ihr Ton wurde jeden Tag ein bisschen schnippischer. Nur wenn sie mit Tim sprach, klang ihre Stimme ganz samtig und erdbeerrot.

»Oh!« Lilou tat überrascht. »Das gehört ja gar nicht dazu! Das sind bloß die genialen Bonbons aus Frankreich, die die Stars dort immer lutschen.«

»Echt? Wozu sollen die denn gut sein?«

»Machen angeblich eine schöne Stimme ...«
Lilou blickte auf die Dose mit den roten
Mohnblüten. Ein bisschen schämte sie sich
schon dafür, dass sie Elena anlügen musste.
Aber sie tat das ja für Tim. Damit alles wieder
so wurde, wie es vor den Erdbeertörtchen gewesen war.

»Ich packe sie lieber weg«, sagte Lilou.

»Ich will eins probieren!« Elena griff nach der Dose und öffnete den Deckel. Lilou spürte, wie Enzo neben ihr die Luft anhielt.

»Die sehen ja gar nicht so besonders aus«, sagte Elena enttäuscht. Trotzdem griff sie nach einem der roten Bonbons und schob es sich in den Mund. »Schmeckt vor allem ziemlich süß«, nuschelte sie. »Klingt meine Stimme schon schön?«

Enzo nickte eifrig. »Wunderschön! Mohnblumenschön!«

Elena schenkte ihm ein Lächeln, und Lilou fragte sich, wie lange es wohl dauern würde, bis der Mohn zu wirken begann. Oder musste Elena gar mehrere Bonbons lutschen, um sich wieder zu entlieben?

Einige Minuten später bekam Lilou ihre Antwort: Ein Bonbon reichte völlig aus. Allerdings zeigte der Mohn eine ganz ungeahnte Wirkung. Eine Wirkung, die weniger etwas mit Elenas Liebe zu Tim zu tun hatte. Stattdessen wurde Elena zornig. Sehr zornig. Ihr Kopf lief vor Wut rot an, und sie funkelte Lilou und Enzo böse an. Dann begann sie plötzlich, auf Enzo loszugehen.

»Du!«, rief sie so laut, dass es durch den ganzen Klassenraum schallte. »Du hast mich angelogen! Meine Stimme ist gar nicht schöner geworden! Die Bonbons wirken nicht!«

»Elena ...«, versuchte Enzo sie zu beruhigen, doch sie war bereits über den Tisch zu ihm hinübergeklettert und hatte dabei die Hälfte ihrer Gartenpflanzen auf den Boden geworfen. Jetzt stand sie vor Enzo und packte ihn an seinem T-Shirt.

»Warum hast du mich angelogen?«, brüllte sie. »Du sollst mich nicht anlügen!« Sie schien wirklich sehr verärgert zu sein. Ihr Körper

bebte, und sie war nicht bereit, Enzo loszulassen, egal, wie sehr er auf sie einredete.

»Deine Stimme ist doch wunderschön«, stammelte er, doch Elena setzte bereits erneut zum Angriff an. Sie griff nach den hinuntergefallenen Johannisbeeren und wollte Enzo damit bewerfen, doch zum Glück ging Tim dazwischen.

»Hör auf, Elena«, sagte er und nahm ihr die Beeren ab. »Enzo hat dir doch gar nichts getan.«

Jetzt griff auch Frau Sauerampfer ein, die endlich auf den Streit aufmerksam geworden war.

»Was ist denn hier los? Elena, lass den Jungen auf der Stelle los! Wer hat dieses Chaos angerichtet?«

Sie deutete auf die verschobenen Tische und den Boden.

»Das war ein Unfall«, sagte Tim, um die Situation zu entschärfen. »Elena beruhigt sich bestimmt gleich wieder.«

Dann schob er sich eine der Johannisbeeren in den Mund. »Mhm, die schmecken aber gut«, sagte er zu Lilou. »Sind die wirklich aus eurem Garten? Die schmecken gar nicht so sauer wie sonst.«

Lilou starrte ihn an. Das war ein Albtraum, oder? Erst hatten die Mohnbonbons bei Elena einen Wutanfall ausgelöst, und jetzt verspeiste Tim auch noch ihre Johannisbeeren!

»Du … du hast da was im Gesicht, Tim«, stotterte Lilou.

»Echt? Was denn?«

»Ähm. Rotstichige Pickel, würde ich sagen.«

»Pickel?«

Tim lief zum Spiegel, der neben der Tür über dem Waschbecken hing. Sein Gesicht war mittlerweile von roten Pusteln übersät, die ein wenig so aussahen wie die Johannisbeeren selbst. Und das nach nur einer Beere, die er gegessen hatte!

»Oh nein, ich habe eine Allergie oder so was!« Panisch kam Tim zu ihnen zurückgelaufen.

»Und ich habe keine schöne Stimme!«, rief Elena, noch immer wütend auf Enzo.

»Kinder, beruhigt euch.« Frau Sauerampfer sah sich Tims Gesicht an. »Sieht wirklich nicht gut aus«, sagte sie dann nicht besonders taktvoll. »Am besten begleitet Lilou dich ins Sekretariat. Und die anderen widmen sich sofort wieder ihrem Gartenlexikon!«

Die anderen hatten sich natürlich alle neugierig um sie geschart, um zu sehen, was mit Elena und Tim geschehen war. Einige kicherten, andere schauten fast ein bisschen ängstlich aus.

»Was für ein Schlamassel«, flüsterte Lilou.

»Das kannst du aber laut sagen«, trompetete Frau Sauerampfer. »Habt ihr hier irgendwelche Gräser inspiziert, gegen die Tim allergisch sein könnte?«

Sie öffnete Lilous Tüte mit den Gartenpflanzen und Blüten, steckte ihre Nase hinein und atmete ein und aus.

Oh nein, die Sonnenblumen, dachte Lilou. Warum hatte sie bloß Sonnenblumenblüten mitgebracht?

Sie wollte »Nein« rufen, doch da war es schon zu spät. Frau Sauerampfer lachte. Sie lachte so laut und so dröhnend, dass die Tische im Klassenraum bebten. Jetzt waren die anderen Kinder wirklich irritiert, denn sie hatten noch nie erlebt, dass Frau Sauerampfer lachte. Dank Sonnenblumen konnte sie jetzt gar nicht mehr damit aufhören.

»Das … hihi … ist aber … hihihi … seltsam … hihi. Ich … hihihi … ich glaube, ich habe … hihi … einen Lachkrampf … hihihihi …«

»Ich sag mal lieber im Sekretariat Bescheid«, murmelte Tim und lief aus dem Klassenraum.

»Was machen wir denn bloß?«, flüsterte Lilou Enzo zu.

Währenddessen hatte sich Frau Sauerampfer nach vorn ans Pult geschleppt. Sie ließ sich auf ihren Stuhl fallen und hielt sich den Bauch vor Lachen.

»Macht einfach weiter, Kinder, hihihihi«, rief sie, »ignoriert mich einfach, hihihihi, das wird gleich wieder, hihihihihi ...«

»Von allein hört das Sonnenblumenlachen bestimmt nicht auf«, sagte Enzo. Er hielt noch immer einen Sicherheitsabstand zu Elena.

Da fiel Lilou die rettende Lösung ein. »Von allein vielleicht nicht«, sagte sie aufgeregt. »Aber mit etwas Wasser bestimmt.«

»Lilou, was hast du vor?«, rief Enzo ihr hinterher. Seine Stimme klang besorgt, doch Lilou war überzeugt, dass ihre Idee funktionieren würde. Sie füllte ihren Pinselbecher mit Wasser und ging zur Lehrerin ans Pult.

»Entschuldigen Sie, Frau Sauerampfer, aber ich glaube, das wird Ihnen helfen.« Und dann goss sie ihr das Wasser über den Kopf.

»Bei meinem Vater hat eine Dusche gegen das Sonnenblumenlachen gewirkt«, sagte sie kleinlaut, als Frau Sauerampfer sie schockiert und tropfnass anstarrte. Und tatsächlich: Auch Frau Sauerampfer hatte aufgehört zu lachen.

»Herrschaftszeiten! Was ist denn hier los?« In der Tür zum Klassenraum stand Herr Beerenblut, zusammen mit Tim und der Sekretärin. Die konnte sich ein Schmunzeln nicht verkneifen, als sie die nasse Frau Sauerampfer sah.

Micha Beerenblut zog schnell die Tür hinter ihnen zu und eilte zu seiner Kollegin. »Frau Sauerampfer, das tut mir so leid!«

»Aber Sie können doch gar nichts dafür, Herr Referendar«, trompetete sie. »Dieses Mädchen!«, rief sie und zeigte auf Lilou. »Dieses Mädchen hat mich mit Wasser begossen! Als sei ich eine Pflanze!«

»Sie hat es sicher nur gut gemeint«, versuchte Herr Beerenblut zu beschwichtigen.

»Ja, sonst hätte Frau Sauerampfer niemals aufgehört zu lachen«, rief Elena plötzlich. Ihr Gesicht hatte wieder seine normale Farbe angenommen. Und auch Tims Johannisbeerpickel schienen langsam abzuschwellen.

»Genau«, sagte Beerenblut, »sie hat Ihnen geholfen, den Lachkrampf zu besiegen.«

»Den Lachkrampf zu besiegen ...«, murmelte Frau Sauerampfer. »Nun gut, dieses Lachen war wirklich fürchterlich. Möchte ich nie wieder in meinem ganzen Leben erleben! Davon bekommt man ja Bauchschmerzen. So ein Tumult wie heute wird sich in meinem Unterricht aber nicht wiederholen, ist das klar?« Sie hob drohend den Zeigefinger und schaute nacheinander Lilou, Enzo, Elena und Tim an. Die nickten eifrig.

»Einen Eintrag in euer Hausaufgabenheft wird es aber trotzdem geben, für eure Eltern«, fügte Frau Sauerampfer noch hinzu. Schuldbewusst reichte Lilou ihr das Hausaufgabenheft. Was ihre Eltern wohl zu dieser Aktion sagen würden? Ausgerechnet heute, wo ihre Mutter den Laden eröffnen wollte!

Ihre »Aktion Mohnblume« war leider auch wenig erfolgreich gewesen. Elena hing schon wieder an Tim und wuschelte ihm verliebt durch

die Haare. Warum hatte sich der Blutweiderich nicht genauer ausgedrückt? Eine zerstörerische Wirkung … Das sollte wohl dasselbe wie rasende Wut bedeuten.

»Ihr beiden!« Micha Beerenblut zog Lilou und Enzo beiseite. »Seid froh, dass ich gerade im Sekretariat war, als Tim hereingestürzt ist. Ich habe euch doch gewarnt: Mit diesem Garten ist nicht zu spaßen.«

Die beiden nickten schuldbewusst. »Ab jetzt halten wir uns von dem Garten fern, versprochen.«

Beerenblut seufzte. Und Lilou packte eilig die restlichen Johannisbeeren und die Gartentüte zurück in ihre Schultasche.

9

Das Gartenverbot

Lilous Eltern waren gar nicht begeistert, als sie ihnen ihr Hausaufgabenheft mit dem Eintrag von Frau Sauerampfer vorlegte.

»Du hast deine Lehrerin mit Wasser begossen?«, fragte Anna schockiert.

»Aber doch nur, weil sie einen Lachkrampf hatte«, verteidigte sich Lilou. »Bei Papa hat schließlich auch eine Dusche gegen das Lachen geholfen.«

»Aber Lilou, so etwas kannst du wirklich nicht machen«, schaltete sich ihr Vater ein. »Das ist respektlos.«

»Und dieser Tim hat von unseren Beeren Ausschlag bekommen?« Ihre Mutter schien wirklich nicht gut gelaunt zu sein. Vielleicht war sie nervös wegen ihrer Ladeneröffnung und all der Dinge, die sie dafür noch vorbereiten musste. Auf jeden Fall zerknickte sie Lilous Heft beinahe, so fest hielt sie es in den Händen.

»Aber Mama, für das alles kann ich doch nichts!« Lilou fand es wirklich ungerecht, dass sie und Enzo allein die Schuld für dieses Chaos tra-

gen sollten. Was konnten sie denn dafür, dass sie in ein Haus gezogen waren, in dessen Garten ihre Oma Wunderpflanzen gezüchtet hatte? Das war doch alles nicht normal!

»Gleich ein Eintrag an deinem zweiten Schultag, so kenne ich dich gar nicht, Lilou.« Es tat weh, wie enttäuscht Annas Stimme klang und wie tadelnd sie Lilou anschaute. Cécile lehnte bloß im Türrahmen und sagte gar nichts. Enzo starrte auf die Tischplatte, und Bruno massierte sich den Nacken.

»Es war der Garten«, platzte es aus Lilou heraus. »Das alles, dieses ganze Chaos, daran ist einzig und allein Oma Ida schuld!«

»Was redest du denn da?«

»Er ist verzaubert, Mama, ein echter Wundergarten! Manche der Pflanzen haben eine seltsame Wirkung, wie die Sonnenblumen oder die Erdbeeren. Frag den Blutweiderich, er hat es sogar zugegeben.«

»Lilou! Hörst du dir überhaupt selbst zu?« Anna hatte das Hausaufgabenheft energisch zur Seite gelegt und schaute ihre Tochter an, als sei sie verrückt geworden. »Wie auch immer, ihr zwei scheint mir ein wenig zu viel Zeit in Oma Idas Garten zu verbringen. Du solltest dich stattdessen mehr auf die neue Schule konzentrieren. Von heute an habt ihr für eine Woche Gartenverbot, habt ihr verstanden? Und gegenüber deinen Lehrern wirst du in Zukunft höflich und respektvoll sein, ja? Jetzt entschuldigt mich bitte, ich habe eine Ladeneröffnung vorzubereiten.«

Sie stand einfach auf und verließ die Küche. Cécile folgte ihr, denn sie hatte versprochen, bei der Dekoration des Wintergartens zu helfen.

»Hey, lasst den Kopf nicht hängen«, sagte Bruno und strich Lilou über den Rücken. »Deine Mutter ist sehr angespannt wegen heute Abend. Aber in einer Sache hat sie recht: keine Wasseraktionen mehr! Und schlagt euch diese Geschichte mit den Wunderpflanzen aus dem Kopf.«

Auch er ging aus dem Raum, und erst jetzt wagte Enzo es, etwas zu sagen: »Oh Mann, warum glauben sie uns denn nicht? Der Blutweiderich könnte doch bezeugen, dass das alles seine Idee war!«

Doch Lilou wollte nichts mehr davon hören. Sie schüttelte den Kopf, Tränen stiegen ihr in die Augen. Sie hatte doch nur Tim helfen wollen! Und jetzt durfte sie den Wundergarten gar nicht mehr betreten. Weil ihre eigenen Eltern sie für verrückt hielten!

Sie sprang vom Stuhl und lief hinauf in ihr Zimmer, bevor sie vor Enzo zu weinen begann. Das war alles so ungerecht! Und wer sollte Elena jetzt von der Erdbeerliebe befreien?

Am Abend klopfte Enzo aufgeregt an Lilous Zimmertür. Eigentlich hatte sie sich geschworen, mit keinem mehr zu reden und ganz bestimmt nicht zur Eröffnungsfeier zu gehen. Sie konnte von ihrem Fenster aus das Schimmern der Lampen und Kerzen im Wintergarten sehen. Und sie hatte gehört, dass viele fremde Leute in ihr Haus gekommen waren und neugierig durch Annas Laden und das Erdgeschoss streiften. Vielleicht waren sie ja alle nur gekommen, um zu sehen, wie die verrückte Ida Rosenzweig gehaust hatte. Vielleicht interessierten sie sich gar nicht für Annas Schmuck, den sie in ihrem neuen Laden in weißen

Regalen über Zweigen, Moosteppichen und Steinen drapiert hatte. Doch auch wenn Lilou sich vorgenommen hatte, den ganzen Abend lang zu schmollen, spürte sie schon bald einen traurigen Kloß im Hals. Es fühlte sich an, als läge ein schwerer Stein in ihrem Magen. Und irgendwann saß sie ganz traurig auf dem Fußboden, den Rücken an die Heizung gelehnt, und wünschte sich bloß, sie könne zusammen mit ihrer Mutter feiern.

»Lilou, es ist dringend! Du musst mir helfen!« Enzo schien wirklich aufgewühlt zu sein.

»Komm rein, die Tür ist offen.«

Im ersten Moment war Enzo verwirrt, Lilou am Boden vorzufinden, doch dann setzte er sich einfach neben sie. Draußen wurde es schon dunkel, und das einzige Licht im Zimmer kam von Lilous roter Lavalampe.

»Also, was ist denn so dringend?«

»Du musst zur Feier kommen.«

»Ich will aber nicht. Mama ist doch garantiert noch sauer auf mich.«

»Aber du musst sie vor einer Katastrophe bewahren!«

»Wie meinst du das?«

»Ich habe eben durch Zufall gesehen, dass meine Mutter Schnittchen für die Feier vorbereitet hat. Sie liegen auf silbernen Tabletts im Kühlschrank.«

»Na und?«

»Das sind Schnittchen mit Radieschen, Gurke und Schnittlauch aus dem Garten!«

Sofort war Lilou auf den Beinen. »Bist du sicher?«, fragte sie.

Enzo nickte und knetete nervös seine Hände.

»Dann müssen wir sie warnen! Wer weiß, was sonst passiert, wenn die Gäste davon essen!«

»Aber sie wird uns doch bestimmt nicht glauben«, sagte Enzo und schaute betrübt aus dem Fenster. »Sie hält uns doch schon jetzt für verrückt.«

»Dann bleibt uns nur eins übrig«, sagte Lilou und legte eine kurze Pause ein. Enzo sah sie gespannt an. »Wir müssen die Schnittchen in den Müll schmeißen.«

»Oh nein, Lilou, alle Schnittchen?«

Sie nickte entschlossen, und Enzo heulte auf. »*Das* wird uns deine Mutter niemals verzeihen ...«

Doch Lilou hörte ihm gar nicht mehr zu, denn sie war schon auf dem Weg nach unten. Sie konnte ihre Mutter doch nicht einfach in die Falle tappen lassen. Anna brauchte ihre Hilfe!

Zum Glück begegnete sie auf dem Weg zur Küche weder ihrem Vater noch ihrer Mutter. Der Kühlschrank brummte und strahlte eine wohltuende Kühle an diesem heißen Sommerabend aus. Lilou zog die Tabletts heraus und stellte sie alle auf dem Küchentisch ab. Dann zog sie den Mülleimer heran und begann, ein Schnittchen nach dem anderen hineinzuwerfen. Enzo schaute ihr nur dabei zu. Er schien wirklich ein schlechtes Gewissen zu haben.

»Wir tun das doch nur, um eine Katastrophe zu verhindern«, sagte Lilou, die sich selbst Mut zusprechen musste. Es war wirklich schade,

diese leckeren Schnittchen einfach wegzuwerfen. Tante Cécile hatte sich solche Mühe mit ihnen gegeben.

»Was tut ihr denn da?«

Die beiden wirbelten herum, auf frischer Tat ertappt. In der Tür zur Küche stand Cécile und starrte entgeistert auf die halb geleerten Tabletts und den Mülleimer. »Meine leckeren Schnittchen! Mon dieu, was für eine Katastrophe! Was soll ich denn jetzt den hungrigen Gästen kredenzen?«

»Mama, wir können das erklären ...«, stotterte Enzo, während Cécile versuchte, zu retten, was nicht mehr zu retten war.

»Der Garten ist wirklich ein Wundergarten«, sagte Lilou mit fester Stimme. Sie wich dem durchdringenden Blick ihrer Tante nicht aus. »Und das Obst und Gemüse, die Blumen und Kräuter haben eine magische Wirkung. Sie bringen Pech oder lösen Lachkrämpfe und Wutanfälle aus. Sie lassen Pickel wachsen und sorgen dafür, dass man sich verliebt! Wer weiß, was die Radieschen und Gurken mit Mamas Gästen anstellen würden? Bitte, du musst uns helfen!«

Cécile strich sich eine dunkle Strähne aus der Stirn. Sie trug heute Abend ein ausgefallenes Kleid aus bunten Stofffetzen und ihr orangefarbenes Haarband. Und natürlich ein Paar von Annas Ohrringen aus Holz mit Kugeln aus getrockneten Rosenblüten.

»Ihr macht euch nicht über mich lustig?«, fragte sie. »Das hier ist keine Racheaktion für das Gartenverbot?«

Beide schüttelten heftig den Kopf. »Ganz sicher nicht! Ich schwöre es«, sagte Enzo. »Wir wollen nur helfen.«

Cécile legte den Kopf schief und betrachtete den kümmerlichen Rest ihrer Schnittchen. Sie schien über etwas nachzudenken. »Ich muss zugeben, dass hier in letzter Zeit seltsame Dinge passiert sind«, sagte sie dann. »Ich habe es schon beim Kochen bemerkt – die Zutaten aus dem Garten sind nicht wie die üblichen Zutaten, die ich benutze. Sie haben mehr Geschmack, leuchtendere Farben, und sie zischen immer ein wenig geheimnisvoll, wenn ich sie unter den Wasserstrahl halte, um sie abzuwaschen. Aber Wunderpflanzen? Von so etwas habe ich noch nie gehört.«

»Wir konnten es erst auch nicht glauben«, sagte Lilou eilig. »Aber wir haben mit eigenen Augen gesehen, wie Elena sich verliebt hat und wie Papa erst vom Pfefferminzpech und dann von einem Lachkrampf befallen wurde. Und den sprechenden Blutweiderich haben wir uns auch nicht eingebildet.«

Wie zum Beweis zog Enzo sein Notizbuch aus der Hosentasche und zeigte seiner Mutter seine Notizen und Zeichnungen. »Wir haben sogar

Fotos gemacht«, erklärte er. »Der Garten verändert sich, wenn man das richtige Portal passiert. Ein Eichhörnchen hat uns zur richtigen Stelle geführt. Dann verändern sich die Bäume und Blumen, und der magische Teil des Gartens kommt zum Vorschein.«

»Und ihr meint wirklich, meine Schnittchen würden eine Katastrophe anrichten?«

Lilou und Enzo nickten überschwänglich.

»Nach dem, was in der Schule passiert ist, wissen wir, wie schlimm es enden kann.« Lilou schaute betrübt auf den Küchentisch, an dem ihre Eltern ihr die Standpauke gehalten hatten.

»Also gut.« Cécile begann damit, die restlichen Schnittchen in den Mülleimer zu befördern. Dann verschnürte sie den Müllbeutel und drückte ihn Enzo in die Hand. »Bringt dieses Zeug in den magischen Gartenteil, damit niemand darauf stößt und es hier keinen Schaden anrichten kann.«

»Aber was ist mit Tante Annas Feier? Und dem Gartenverbot?«, fragte Enzo.

»Für Annas Feier zaubere ich jetzt flugs ein paar neue Schnittchen – und zwar ohne Produkte aus diesem seltsamen Garten. Und was das Gartenverbot angeht: Dies hier ist ein Notfall. Und ihr habt den ausdrücklichen Befehl von mir, diese Schnittchen im Garten zu verbuddeln. Es wäre ja nicht auszudenken, wenn Annas Eröffnungsfeier in einem Desaster enden würde! Nachher lässt Radieschen noch die Nasenhaare sprießen, und Gurke sorgt dafür, dass die Leute sich langweilen ...«

»Und der Schnittlauch erst«, sagte Lilou ernst, »der ist bestimmt der Boshafteste von allen.«

»Meinst du, er sorgt dafür, dass die Leute sich streiten?«, fragte Enzo.

»Vielleicht sorgt er auch für üblen Mundgeruch«, überlegte Cécile laut.

»Oder er lockert die Zunge, und alle sagen plötzlich, was sie denken. Plaudern all ihre Geheimnisse aus.« Lilou setzte eine düstere Miene auf. »Ich traue diesem Grünzeug alles zu.«

Sie gab Enzo ein Zeichen, und gemeinsam verschwanden sie durch die Terrassentür in den dunklen Garten. Sie hatten den Wundergarten noch nie bei Nacht betreten. Ein bisschen mulmig war Lilou schon zumute, als sie über den Rasen schlichen und nach dem Eichhörnchen Ausschau hielten. Was, wenn sich die Gewächse nachts in Monsterpflanzen verwandelten? Sie konnten im Dunkeln doch fast gar nichts sehen! Nur der Mond stand am sternenklaren Himmel, und von irgendwoher erklang der Ruf einer Eule. Ganz schön unheimlich. Lilou wünschte sich in diesem Moment nichts sehnlicher, als wieder hineinzugehen und gemeinsam mit ihrer Mutter die Ladeneröffnung zu feiern. Sich wieder mit ihr zu versöhnen. Doch genau in diesem Moment sprang ein Eichhörnchen vor ihre Füße. Es schien sie kurz mit seinen glänzenden schwarzen Knopfaugen anzuschauen, dann eilte es davon. Und Lilou und Enzo folgten ihm.

10

Eulen wissen mehr

D as Eichhörnchen führte sie tief in den Garten hinein und ver-
schwand unter den Zweigen einer riesigen Tanne. Lilou und Enzo
krabbelten hinterher, und als sie wieder unter den tief hängenden Zweigen zum Vorschein kamen, standen sie auf einer kleinen Lichtung. Das
Mondlicht beschien die riesige Tanne in ihrem Rücken, die jetzt so blau
glitzerte wie das Meer an einem Sommertag. In die Lichtung ragte ein
großer Ast voller reifer Pfirsiche. Daran hing eine Schaukel an langen
Seilen, die sachte vom Abendwind angeschubst wurde. Lilou drehte
sich begeistert im Kreis und entdeckte die riesigen Schlingpflanzen, die
die gesamte Lichtung einrahmten. Sie hatten herzförmige Blätter, so
groß wie Lilou selbst. Und dunkle lilafarbene Blüten, die sich dem
Mond entgegenreckten. Außerdem schienen sie zu flüstern.

»Guten Abend, holde Besucher. Gute Nacht, meine Kinder. Was
führt euch zu uns?«

»Eigentlich wollten wir nur diese Schnittchen verbuddeln. Damit
sie niemanden vergiften können«, sagte Enzo, als sei es ganz normal,

mit lilafarbenen Schlingpflanzen zu sprechen. Seit sie den Blutweiderich kennengelernt hatten, wunderten sich die beiden über gar nichts mehr.

»Lasst eure Gaben ruhig auf dieser Lichtung liegen«, säuselten die Pflanzen. »Die Käfer und Mäuse werden sich darüber freuen.«

Also leerten sie den Müllbeutel aus, der bis zum Rand mit Céciles Schnittchen gefüllt war. Danach schaute sich Lilou die sprechenden Blumen genauer an. Ihre Blütenblätter schienen sich wie Lippen zu bewegen, wenn sie etwas sagten. Und mit jedem Wort sprühten sie auch ein wenig violett glitzernden Blütenstaub in die Luft. Diese Lichtung war wirklich magisch. Zwischen den Blüten schwebten Glühwürmchen. Die Schlingpflanzen umgaben sie, sodass sie sich fühlten wie in einer kuscheligen Höhle. Und über all dem wachte der Mond.

»Nehmt auf der Schaukel Platz und schaukelt hinauf zum Mond«, flüsterten die Pflanzen jetzt. »Dann wird er euch Antworten auf eure Fragen geben.«

»Antworten? Auf welche Fragen denn?« Lilou beäugte die Schaukel misstrauisch.

»Wer Fragen hat, bekommt sie bei Nacht auf einer Schaukel beantwortet. Wusstet ihr das nicht?«

»Also mir hat noch nie eine Schaukel irgendwelche Fragen beantwortet«, stellte Enzo fest.

»Du warst ja auch noch nie in einem Wundergarten«, sagte Lilou und hopste auf die Schaukel. Sie begann, sich mit den Füßen vom Boden abzudrücken und langsam vor und zurück zu schwingen. »Los,

schubs mich an«, rief sie Enzo aufgeregt zu. »Damit ich bis zum Mond schaukle! Und er uns unsere Fragen beantwortet!«

»Wir haben nicht gesagt, dass der Mond die Antworten liefert«, summten die Schlingpflanzen jetzt. »Er schickt seinen Botschafter.«

»Seinen Botschafter?« Lilou blieb keine Zeit mehr, weiter darüber nachzudenken, wer der Botschafter des Mondes sein könnte. Denn sie schwang jetzt immer wilder über die Lichtung und berührte mit ihren Füßen beinahe den Pfirsichbaum. Außerdem dachte sie fieberhaft darüber nach, auf welche Fragen sie unbedingt eine Antwort brauchten.

»Frag ihn nach einem Rezept gegen die Erdbeerliebe«, rief Enzo von unten. »Und frag ihn, woher die Wunderpflanzen kommen. Wer Oma Ida wirklich war. Ob es einen Schutzzauber gegen das magische Grünzeug gibt oder eine Pflanze, mit der man gute Mathenoten schreibt. Und warum ausgerechnet das Eichhörnchen den Weg in den Wundergarten kennt!«

»Sonst noch was?«, rief Lilou, die sich Enzos tausend Fragen unmöglich merken konnte. Sie hatte jetzt wirklich das Gefühl, den Mond mit ihren Zehenspitzen berühren zu können. Wenn sie noch heftiger schaukelte, würde sie sich überschlagen. Sie hing fast kopfüber in der Luft, ihr blondes Haar flog hin und her, und die Schlingpflanzen applaudierten ihr mit ihren übergroßen Herzblättern.

»Du hast es geschafft«, hauchten sie alle miteinander wie im Chor. »Du hast den Mond geweckt! Sein Botschafter befindet sich schon auf dem Weg zu uns.«

68

Atemlos brachte Lilou die Schaukel zum Stehen. Sie schlitterte mit den Füßen über das Gras, ihr Haar war zerzaust, ihre Wangen gerötet. Sie sollte tatsächlich den Mond geweckt haben? Mit ein bisschen Schaukeln?

Gespannt horchten Lilou und Enzo in die Stille, beobachteten die Tanne, den Mond und die Schlingpflanzen, doch nichts regte sich.

Dann, mit einem warmen Windstoß, stürzte plötzlich ein Wesen vom Himmel und nahm auf dem Ast über der Schaukel Platz. Es war eine wunderschöne weiße Schleiereule. Sie schaute Lilou und Enzo aus Augen an, die so funkelten wie die Nacht selbst.

»Seid gegrüßt, mondsüchtige Schaukler in der Nacht«, sprach die Eule mit einer samtigen Frauenstimme und bewegte dabei ihren kleinen Schnabel. »Mein Name ist Luna, Botschafterin des Mondes. Ihr verlangt nach meinen Diensten? Was ist euer Begehren?«

»Ähm ...« Lilou und Enzo wechselten einen verwirrten Blick. Die sprechenden Tiere und Pflanzen in diesem Garten schienen eine Vorliebe für seltsame Wörter und Sätze zu haben.

»Wir haben so viele Fragen zu diesem Garten. Und zu Oma Ida. Und zur Erdbeerliebe«, stammelte Lilou.

»Ja, und wir würden gerne wissen, wie das alles hier funktioniert!«, rief Enzo. »Ist das Magie? Wer hat sie entdeckt? Und gibt es da draußen noch andere Wundergärten? Vielleicht sogar eine Pflanze, die mir helfen kann, bessere Mathenoten zu schreiben?«

»Ach ja, und dann ist da noch das Eichhörnchen«, sagte Lilou aufgeregt. »Warum kann es im Gegensatz zu Ihnen nicht sprechen? Und hat Sie wirklich der Mond geschickt? Ich meine, das kann eigentlich gar nicht sein, weil ich ihn ja nicht wirklich mit meinen Zehenspitzen berührt habe, aber –«

»Warum sieht der Garten jedes Mal etwas anders aus?«, fiel Enzo ihr ins Wort. »Verwandelt er sich ständig, oder befinden wir uns nur an einer anderen Stelle? Wo ist der Blutweiderich jetzt? Und was können wir überhaupt noch ohne Gefahr essen?«

»Aber eigentlich wollen wir vor allem wissen, ob es ein Gegenmittel gegen die Erdbeerliebe gibt«, betonte Lilou, die fürchtete, die Schleiereule mit den vielen Fragen zu überfordern.

Die schien aber gar nicht verärgert zu sein und antwortete geduldig: »Diese Fragen sind ganz einfach zu beantworten. Die Antworten liegen sogar direkt vor eurer Nase.«

»Was meinen Sie damit?«

Die Schleiereule streckte ihre majestätischen weißen Flügel aus und lächelte auf Lilou und Enzo herab.

»Die Antwort auf all eure Fragen ist nichts anderes als euer alter Nachbar Albrecht Beerenblut. Er war Weggefährte und Bewunderer von Ida Rosenzweig. Er ist ein Kenner magischer Botanik, und er war in unzähligen Wundergärten dieser Welt zu Gast … Besucht ihn doch mal. Bringt ihm ein Glas von Idas Erdbeermarmelade aus ihrem Keller mit, die mag er besonders gerne. Und keine Angst – er ist schon seit Jahrzehnten unsterblich in deine Großmutter verliebt, Lilou. Die Erdbeeren werden ihm also nichts anhaben können. Er wird euch alle Fragen beantworten, wenn ihr hartnäckig genug seid. Aber da mache ich mir bei euch beiden keine Sorgen. Geht zu Albrecht Beerenblut. Stellt ihm eure Fragen. Dies ist meine Antwort. Und jetzt entschuldigt mich: Ein Schaukelgast in einem weit entfernten Wundergarten in China wartet auf meine Dienste. Schließlich bin ich die Botschafterin des Mondes. Ich wünsche euch eine allzeit gute Nacht und süße Träume. Auf bald, meine Schaukelfreunde. Auf bald!«

Die Eule begann, mit den Flügeln zu schlagen, und löste sich vom Pfirsichbaum. Sie machte eine elegante Drehung in der Luft und segelte in Richtung Mond davon. Ihr Gefieder leuchtete weiß wie Schnee und kalt wie flüssiges Mondlicht. Und dann war sie verschwunden.

Albrecht Beerenblut? Ihr Nachbar? Der Großvater von Referendar Micha Beerenblut? Das sollte die Antwort auf all ihre Fragen sein? Lilou konnte es kaum glauben, aber die Schleiereule war fort, und so konnten sie ihr keine weiteren Fragen stellen.

»Wir besuchen ihn gleich morgen«, sagte Enzo.

»Meinst du wirklich, er wird uns helfen?«

»Wir müssen es versuchen.«

Lilou nickte. Und so verabschiedeten sie sich von den Schlingpflanzen, die zum Abschied leise »Auf Wiedersehen« riefen, und krochen unter der Tanne zurück in den normalen Gartenteil.

Das Nachtlicht, das sie empfing, war sofort viel dunkler, die Pflanzen und Bäume leuchteten nicht mehr, und es gab auch keine Glühwürmchen. Nur Wunderpflanzen, die gab es auch hier. Pechminze, Liebeserdbeeren, Lachblumen. Sie mussten aus dem eigentlichen Wundergarten herübergewachsen sein. Oder hatte Oma Ida sie absichtlich in ihren normalen Garten gepflanzt, weil sie mehr Platz für ihre Wunderpflanzensammlung brauchte? Fragen über Fragen. Lilou hoffte so sehr, dass Albrecht Beerenblut ihnen weiterhelfen würde. Auf jeden Fall hatte sie dank der Schleiereule neuen Mut gefasst. Gartenverbot und Schulschlamassel hin oder her. Sie würden schon noch herausfinden, was es mit diesem Garten auf sich hatte. Und wie sie Tim aus Elenas Fängen befreien konnten!

Doch zunächst gesellten sie sich zu all den Gästen von Annas Eröffnungsparty, die in vollem Gange war. Cécile hatte einen Haufen neuer Schnittchen zubereitet, und alle schienen äußerst zufrieden zu sein. Und am Ende schloss Anna Lilou in die Arme und küsste sie. Sie war gar nicht mehr sauer auf ihre Tochter. Lilou fiel ein Stein vom Herzen, als sie sich in ihre Bettdecke kuschelte und von klugen Eulen und schaukelnden Monden träumte. Was für ein Tag!

Sie wusste ja nicht, wie aufregend der nächste werden würde.

11

Die Sammlung
des Albrecht Beerenblut

Gleich nach der Schule klingelten Lilou und Enzo an der Haustür von Albrecht Beerenblut. Er wohnte ebenfalls in einem roten Backsteinhaus, umgeben von einem wilden Garten, in dem Efeu an der Hauswand hinaufkletterte und rosafarbene Rosen ihre schweren Köpfe über den Gartenzaun hängen ließen. Vögel zwitscherten, und die warme Mittagssonne kitzelte ihre Nasen. Zum Glück war der Schultag heute recht ereignislos verlaufen. Noch so einen Schlamassel wie im Sach-unterricht hätten die beiden wirklich nicht gebrauchen können!

Nach dem zweiten Klingeln hörten sie Schritte im Haus. Die Tür wurde geöffnet, und ein alter Mann schaute neugierig hinter zwei di-cken Brillengläsern hervor. Die Gläser waren sogar so dick, dass sie seine Augen extrem vergrößerten. Sie waren blau wie der Himmel.

»Welch seltener Besuch«, rief Albrecht Beerenblut erfreut. »Ihr seid die neuen Nachbarskinder, habe ich recht?«

Lilou und Enzo nickten.

»Womit kann ich euch dienen?«

Albrecht Beerenblut musste mindestens achtzig Jahre alt sein, aber er sah beinahe noch so fit aus wie ein Turnschuh. Er war braun gebrannt, als verbringe er den ganzen Tag im Garten in der Sonne. Außerdem trug er blaue Shorts und ein gestreiftes T-Shirt. Nur das schüttere graue Haar zeugte von seinem Alter. Und das faltige Gesicht.

»Wir haben ein paar Fragen zu Oma Ida«, sagte Lilou höflich. »Und wir haben Ihnen ein Glas von ihrer Erdbeermarmelade mitgebracht.«

Sie streckte Albrecht Beerenblut das Glas mit dem leuchtend roten Inhalt entgegen, und er nahm es mit einem freudigen Strahlen an. »Ah, Idas Marmelade«, schwärmte er. »Die beste, die man auf diesem Planeten finden kann! Wisst ihr, ich habe ja viele Wundergärten bereist. Aber in keinem waren die Erdbeeren so köstlich wie bei Ida.«

»Können Sie uns mehr über diese Wundergärten erzählen?«, fragte Enzo neugierig. »Wir haben da nämlich so ein … ähm … Erdbeerproblem.«

Der alte Herr Beerenblut schaute sich um, als wolle er sichergehen, dass ihnen niemand vom Weg aus zuhörte. »Ihr wart in Idas Wundergarten, habe ich recht?«, fragte er aufgeregt.

»Ja, und wir haben wirklich eine Menge Fragen«, flüsterte Lilou.

»Dann kommt am besten herein, ich habe gerade Tee gekocht.« Albrecht Beerenblut machte einen Schritt zur Seite und

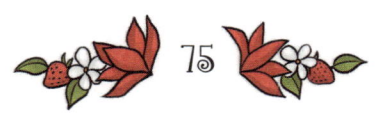

winkte sie in sein Haus. »Oh, und bitte nennt mich Albrecht. Ich kann diesen albernen Nachnamen nicht mehr hören. Wisst ihr, wenn man achtzig Jahre lang Beerenblut heißt, dann wünscht man sich manchmal wirklich einen Nachnamen wie Liebstöckel, Tulpensaft oder Fliederbusch. Wie Ida einen hatte. Rosenzweig, was für ein hübscher Name!«

Sie passierten einen dunklen Flur und ein Wohnzimmer, das so voller Möbel und Krimskrams war, dass sie Mühe hatten, sich zur Küche durchzuschlagen. Albrecht war anscheinend Sammler. Oder jemand, der nie etwas wegschmeißen wollte.

»Schau mal«, flüsterte Lilou und stieß Enzo an. »Die Figuren da hinten sehen afrikanisch aus.«

»Ja, und da an der Wand hängt eine riesige Weltkarte. Wahrscheinlich hat er eingezeichnet, wo er überall gewesen ist.«

Auch in der Küche setzte sich das Gerümpel fort. Albrecht schob alt aussehendes Porzellan und eine Kiste voll Kuckucksuhren von den Stühlen auf die Fensterbank. Dort standen rot leuchtende Geranien. Auf dem Tisch selbst räkelte sich eine schwarze Katze, die nur noch ein Ohr besaß. Albrecht stellte sie ihnen als Agathe vor.

»Möchtet ihr einen Tee?«, fragte er und deutete auf eine zerbeulte Blechkanne auf dem Herd.

»Gerne, wenn es kein Pfefferminztee ist«, antwortete Lilou schnell.

Kam es ihr nur so vor oder kicherte Albrecht leise?

»Also, wie genau kann ich alter Mann euch weiterhelfen?«, fragte Albrecht, nachdem er ihnen zwei Teetassen gereicht hatte. »Was habt ihr in Idas Garten angestellt?«

Agathe lag immer noch auf dem Tisch und starrte sie mit ihren gelben Katzenaugen an. Lilou schnupperte am Tee und nahm einen Hauch Orange und Süßholz wahr. Sie trank einen Schluck und spürte, wie der Tee ihren Körper mit Wärme füllte. Dann begann sie zu erzählen. Sie fing mit dem Eichhörnchen und dem Gräsermeer an und hörte erst auf, als sie bei Luna, der Mondbotschafterin, angekommen war. »Deshalb sind wir hier«, sagte sie. »Können Sie uns weiterhelfen? Kennen Sie ein Rezept gegen die Erdbeerliebe?«

»Ich fürchte, da muss ich euch enttäuschen«, sagte Albrecht und kraulte gedankenverloren Agathes Rücken. »Ich kannte Ida fast mein gesamtes Leben lang, doch von einem Mittel gegen die Liebe hat sie nie erzählt.«

»Wie war sie denn so?«, fragte Lilou leise. »Warum hat sie sich nie für mich interessiert?«

Albrecht hörte auf zu lächeln, beugte sich zu ihr vor und berührte ihre Schulter. »Oh, das hat sie, meine Kleine, das hat sie wirklich. Sie

hat so oft von dir und deiner Mutter gesprochen und sich gewünscht, ihren Garten mit dir teilen zu können. Wenn sie wüsste, dass ihr beide nun den Garten erforscht … das würde sie sehr glücklich machen.«

»Wirklich?« Lilou spürte einen Funken Hoffnung, der in ihrem Herzen zu tanzen begann wie ein kleiner Schmetterling. Also war sie ihrer Oma doch nicht egal gewesen? »Sie hat sich gewünscht, mir ihren Zaubergarten zeigen zu können?«

»Aber ja! Ich kann mir vorstellen, dass sie insgeheim gehofft hat, du führst mit deiner Familie ihre Arbeit fort. Deswegen hat sie euch das Haus und den Garten vererbt.«

»Was für eine Arbeit soll das denn gewesen sein?«, fragte Enzo. »War sie eine Blumenzüchterin? Hat sie die Wunderpflanzen verkauft?«

»Nun, Ida war Wundergärtnerin, eine der besten, die man auf diesem Planeten finden konnte. Ihre große Leidenschaft war aber nicht das Verkaufen und Verarbeiten von Wunderpflanzen, sie war eine große Forscherin und Entdeckerin! Sie ist durch die ganze Welt gereist, um neue Wunderpflanzen zu finden und zu lernen, wie man sie hegt und pflegt. Und natürlich wollte sie all ihre Entdeckungen auch in ihrem eigenen Garten sammeln. Denn sie hatte eines Tages herausgefunden, dass ihr Haus auf magischem Grund steht. Nicht in jedem Garten können Wunderpflanzen gedeihen. Doch es gibt auf der ganzen Welt einige Hundert dieser Orte, die wir heute Wundergärten nennen. Dort wachsen Bananen, die für eine weiche Haut sorgen, Vergissmeinnicht, die vergessen lassen, Löwenzahn, der die Stimme löwentief werden lässt, Mimosen, die selbst die härtesten Kerle zum Weinen bringen. Ich habe

es geliebt, Ida auf ihren vielen Reisen durch die Welt zu begleiten und das alles mit eigenen Augen zu sehen!«

»Stimmt es denn, dass meine Oma eine Blumendiebin war?«, fragte Lilou. »Der Blutweiderich hat behauptet, sie hätte ihn aus einem anderen Garten gestohlen.«

»Nun ja, Ida war sehr ehrgeizig«, gab Albrecht zu. »Es könnte schon sein, dass sie sich mit dem ein oder anderen Wundergärtner gestritten hat, weil sie eine seiner Pflanzen haben und er sie nicht rausrücken wollte. Dann hat sie sie in einer Nacht-und-Nebel-Aktion gestohlen und nach Wundernhausen geschmuggelt. Ich habe ihr immer gesagt, dass das nicht in Ordnung ist, aber deine Oma war ein wahrer Dickkopf. Nichts und niemand konnte sie von ihrer Mission abbringen.«

»Was hat sie denn mit all den Wunderpflanzen in ihrem Garten gemacht?«, fragte Lilou.

»Ihr Wohnzimmer war ein Labor«, erklärte Albrecht. »Dort hat sie Marmeladen, Limonaden oder Cremes aus dem Extrakt der Wunderpflanzen hergestellt und in alle Welt verkauft. Von irgendetwas musste sie ja leben. Aber ihre wahre Leidenschaft war immer die Suche nach neuen Pflanzen. Ab und zu hat sie auch wissenschaftliche Artikel in einer Fachzeitschrift für Wundergärtner veröffentlicht. Ihr müsst wissen, sie war wirklich eine Berühmtheit in dieser Szene.«

»Wenn sie die Pflanzen selbst verarbeitet hat, dann gibt es doch bestimmt Rezepte, oder? Hat Oma Ida sie irgendwo aufgeschrieben?«, fragte Lilou, die vor Aufregung vom Stuhl gesprungen war. Vielleicht war das die Lösung für ihr Erdbeerproblem!

Agathe leckte sich mit ihrer kleinen rosa Zunge über das Fell, doch als Lilou aufsprang, hielt sie inne und hob neugierig den Kopf.

Albrecht aber schüttelte ratlos den Kopf. »Ich kenne Idas Rezepte leider nicht«, sagte er. »Ich weiß auch nicht, ob sie sie irgendwo aufgeschrieben hat. Aber wenn ihr wollt, schauen wir mal in meinem Büro nach. Dort habe ich nämlich alles gelagert, was Ida mir vermacht hat.«

Lilou und Enzo nickten, denn so schnell wollten sie die Hoffnung noch nicht aufgeben. Albrecht hob Agathe vom Tisch und bedeutete ihnen, ihm in sein Arbeitszimmer zu folgen. Sie kämpften sich durch einen ebenfalls vollgestellten Flur und betraten Albrechts Büro. Der kleine Raum beherbergte eine riesige Sammlung an Büchern, exotische Souvenirs aus der ganzen Welt und vor allem Pflanzen. Grüne Pflanzen, getrocknete Pflanzen, solche, deren Blüten aussahen wie tränende Herzen. Sie steckten allesamt in bunten Töpfen und standen auf dem Boden, auf der Fensterbank und dem kleinen Schreibtisch. Lilou entdeckte ein Regal, in dem Albrecht kleine Einmachgläser aufbewahrte, die mit allerlei Pulvern, getrockneten Blüten und Kräutern gefüllt waren. *Lavendelschönheit, Chilihaar, Petersilienschlaf* stand auf den weißen Etiketten.

»Das hat alles deiner Oma gehört«, erklärte Albrecht. »Sie hat es kurz vor ihrem Tod zu mir getragen und darauf bestanden, dass ich mich gut um ihre Sammlung kümmere.«

Lilou schaute sich die Gläser genauer an, doch leider konnte sie in keinem ein Pülverchen gegen die Erdbeerliebe finden. Bloß gemahlene Gänseblümchen gegen Sorgen, Mirabellenkompott für intensive Glücksgefühle und seltsame Nüsse, die das Denken beschleunigen sollten. Heimlich nahm sich Lilou zwei Nüsse aus dem Glas, schließlich mussten Enzo und sie wie die Weltmeister denken, wenn sie eine Lösung für ihr Problem finden wollten.

Albrecht durchsuchte derweil sein Bücherregal, schien aber auch nicht fündig zu werden. Zerknirscht drehte er sich wieder zu ihnen um. Er hielt ein zerknittertes Blatt Papier in der Hand.

»Das Einzige, was ich finden konnte, sind diese Notizen von Ida. Dabei handelt es sich allerdings nur um eine Anleitung zur Herstellung von Juckpulver.«

Noch bevor er das letzte Wort ausgesprochen hatte, sprang Katze Agathe durch den Raum, schnappte mit ihren Zähnen nach dem Stück Papier und riss es Albrecht aus der Hand. Dann düste sie mit dem Zettel durch eine offene Tür, die hinaus in den Garten führte.

»Agathe!«, rief Albrecht. »Was soll denn das? Gib mir sofort Idas Zettel zurück!« Der alte Nachbar folgte der Katze schnellen Schrittes in den Garten. Lilou und Enzo hefteten sich an seine Fersen.

»So etwas tut sie doch sonst nicht, meine brave Agathe«, murmelte Albrecht und schaute sich suchend im Garten um. Sie standen auf einer Wiese, die von Weinreben überspannt wurde. Das Licht war gold-grün und die warme Luft erfüllt vom Summen der Bienen und dem Zwitschern der Vögel. Agathe saß vor einem Rosenstock mit cremerosa Blüten. Noch immer hatte sie den Zettel im Maul.

»Agathe?«, fragte Albrecht und näherte sich ihr vorsichtig. »Das ist doch der Rosenstock, den Ida mir vor Jahren zum Geburtstag geschenkt hat. Damit ich jedes Mal an sie denke, wenn ich ihn sehe. Sie hat ihn eigenhändig in meinen Garten gesetzt.«

Kaum hatte Albrecht die letzten Worte ausgesprochen, begann Agathe wie wild mit ihren Pfoten in der Erde zu buddeln. Wollte sie etwa die Rosen ausgraben?

»Heiliger Bimbam!«, rief Albrecht, nachdem sie alle von einer Ladung Erde getroffen worden waren. »Was versteckt sich da unter meinem Rosenstock?«

Lilou und Enzo beugten sich über das kleine Loch, das Agathe gebuddelt hatte. Tatsächlich schaute da etwas aus der Erde hervor. Es sah aus wie Leder. Albrecht ging in die Knie und zog den Gegenstand mit einem festen Ruck aus dem Boden. Es handelte sich um ein Buch, das zum Schutz in einer Plastiktüte steckte. Als Albrecht es aus der Tüte befreit hatte, kam ein buntes Titelbild zum Vorschein. Das Buch war in olivgrünes Leder gebunden, vorn prangte das Bild eines Marmeladenglases voller Erdbeeren. *Wunderrezepte* stand in weißen, geschwungenen Buchstaben darüber geschrieben.

Lilou schnappte aufgeregt nach Luft. »Oma Idas Rezeptbuch!«, rief sie und klatschte begeistert in die Hände. »Sie hat es in Ihrem Garten versteckt, Albrecht, unter Ihrem Rosenstock! Damit Sie es mal finden, wenn Sie es brauchen.«

Sie sahen sich mit strahlenden Gesichtern an.

»Und jetzt?«, fragte Albrecht, der noch immer ganz verwundert das dicke Rezeptbuch in den Händen hielt.

»Jetzt befreien wir Tim und Elena von der Erdbeerliebe«, sagte Lilou und streckte die Hände aus. »Dürfen wir uns das Buch ausleihen? Wir versprechen auch hoch und heilig, keinen Unsinn anzustellen.«

»Dieser Garten hat uns schon genug Probleme gemacht«, pflichtete Enzo Lilou bei.

»Na gut«, sagte Albrecht. »Eure Eltern wundern sich sicher schon, wo ihr bleibt. Aber wehe, ihr habt morgen ganz Wundernhausen verhext! Dann bekommt ihr es mit mir zu tun. Und mit Agathe.«

Agathe bleckte ihre kleinen Zähne, was irgendwie gar nicht Furcht einflößend, sondern ziemlich süß aussah. Lilou strich ihr lachend übers Fell, dann nahm sie das schwere Buch entgegen.

Unglaublich! Dieses Buch hatte ihrer Oma gehört. Sie hatte darin geblättert und immer neue Wunderrezepte ausprobiert und aufgeschrieben. Fast wie eine Zauberin! Und jetzt waren sie und Enzo die Hüter all dieser Geheimnisse. Die Erben des Wundergartens. Lilou spürte, wie ihr Herz bei diesem Gedanken aufgeregt zu pochen begann. Sie hatte ein Kribbeln im Magen, als würde eine aufgebrachte Ameisenhorde durch ihren Bauch krabbeln. Gleichzeitig schien warmer Sonnenschein ihren Körper von innen zu fluten. Sie war lange nicht mehr so glücklich gewesen. So glücklich und aufgeregt, schließlich war ihre Aufgabe noch nicht beendet. Aber was sollte noch schiefgehen, jetzt, wo sie im Besitz von Idas Wunderwissen waren? Dieses Buch war ihre Geheimwaffe. Lilou presste es mit einem Arm fest an ihre Brust und winkte Albrecht mit dem anderen zum Abschied zu. Dann lief sie mit Enzo nach Hause.

12

Wunderrezepte

Nach einem schnellen Mittagessen gelang es Lilou und Enzo, sich unbemerkt mit dem Rezeptbuch auf den Dachboden zu schleichen. Hier oben hingen Spinnweben zwischen den Balken, und alles war vollgestellt mit alten Gartengeräten, die Ida zurückgelassen hatte. Es war der perfekte Ort, denn hier würden ihre Eltern nicht nach ihnen suchen. Außerdem fühlte sich Lilou ihrer Großmutter hier besonders nahe. Sie strich andächtig mit der rechten Hand über die rostigen Schubkarren und einen großen Arbeitstisch. Sein Holz sah alt und abgenutzt aus. Hatte Ida darauf neue Rezepte ausprobiert? Wie aufregend es wohl gewesen wäre, ihr dabei zuschauen zu können! Lilou merkte, wie sich unter ihre Aufregung wieder ein wenig Wehmut mischte. Wenigstens hatten sie Idas Rezeptbuch. Das war für Lilou, als würde sie einen Teil von Idas Leben in den Händen halten und ihr somit nahe sein können.

Enzo hatte eine braune Decke entdeckt, die unter dem kleinen Bullaugenfenster über einer Kommode gelegen hatte. Er breitete sie auf dem Boden aus und wirbelte dabei Staub auf, der Lilou husten ließ.

Doch sie setzte sich trotzdem zu ihm, um so schnell wie möglich das Buch zu studieren.

»Schlag du es auf«, sagte Enzo, als Lilou das Buch auf ihre Knie gelegt hatte. »Schließlich war sie deine Oma. Und sie wollte, dass du ihre Nachfolge antrittst.«

Lilou nickte. Sie war unglaublich aufgeregt. Wie würde die Schrift ihrer Oma aussehen? Hatte sie Bilder in das Rezeptbuch geklebt? Geheime Anmerkungen hinterlassen? Und würden sie ein Rezept gegen die Erdbeerliebe finden?

Sie atmete ein letztes Mal tief durch, strich sich die blonden Strähnen hinter die Ohren, verschränkte die Finger und ließ sie knacken – und schlug dann endlich den grünen Buchdeckel auf. Der Duft der Rezeptseiten war magisch. Es war eine Mischung aus altem Papier, schwarzer Tinte und Blütenduft. Er ließ Lilou eine Gänsehaut über den Körper wandern. Oma Ida hatte tatsächlich alle Rezepte mit schwarzer

Tinte geschrieben und kleine Zeichnungen der Zutaten an den Rand gemalt. Hin und wieder klebten getrocknete Blüten, Blätter oder Samen zwischen den Seiten. Ihre Handschrift war so krakelig, dass Lilou und Enzo glucksen mussten. Wenn sie in der Schule so in ihre Hefte schreiben würden, würden ihre Lehrer sie tadeln! Aber zu Oma Ida passte es. Sie hatte sich wohl nie darum gekümmert, was andere Menschen von ihr hielten. Und es hatte in ihrem Leben wichtigere Dinge gegeben als eine schöne Handschrift. Wunderrezepte zum Beispiel, die sie selbst erfunden hat. Mit großen Augen blätterten Lilou und Enzo durch das Buch. Es enthielt mindestens dreißig verschiedene Rezepte!

»Wundernägel-Saft«, las Lilou vor. »Man nehme zwei Handvoll rote Beeren, zerstoßenes Eis, einen großen Löffel Zucker und eine Prise Blütenstaub der seltenen Regenbogenorchidee und mixe alles zu einem dickflüssigen Saft. Fertig ist das vitaminreiche Getränk mit dem gewissen Zauber. Denn er lässt kunstvolle Wundernägel wachsen! Zehn Minuten nach dem Trinken färben sich die Nägel bunt, mit fantasievollen Mustern, Schnörkeln und Glitzerstaub in allen möglichen Farben.«

»Oder hier!« Enzo zeigte auf die nächste Seite und das Bild einer dicken Birne, das Ida gemalt hatte. »Süße-Träume-Kuchen mit Schokolade, Wunderbirne und ganz viel Quark. Vor dem Schlafengehen gegessen, zaubert er die süßesten Träume herbei, die man jemals geträumt hat.«

»Und das hier!« Lilou hatte schon weitergeblättert und las atemlos vor: »Brombeerparfüm. Zaubert die schönsten Erinnerungen aus den

Tiefen des Gedächtnisses hervor, wenn man es auf die Haut am Hals aufträgt. Aber Vorsicht: Suchtgefahr!«

»Wahnsinn, was Oma Ida alles erfunden hat«, sagte Enzo. »Sie hätte richtig berühmt werden können! Nicht nur unter Wundergärtnern, sondern in der ganzen Welt!«

»Wahrscheinlich wollte sie nicht, dass alle Welt von den Wunderpflanzen und den Wundergärten erfährt«, überlegte Lilou laut. »Vielleicht hatte sie Angst, dass die Menschen nicht gut mit diesen seltenen Pflanzen umgehen und sie am Ende alle aussterben.«

»Oder sie hatte Angst, dass die Welt im Chaos versinkt, wenn die Menschen ihre Wunderrezepte anwenden. So wie bei Elena und Tim.«

Lilou seufzte schwer. »Die Gefahr ist ja auch riesig«, sagte sie dann. »Stell dir mal vor, jeder könnte die Liebe beeinflussen. Oder einem anderen aus lauter Boshaftigkeit Pechminze in den Tee mischen. Und stell dir vor, alle Menschen würden nur noch Birnen-Quark-Kuchen vor dem Schlafengehen essen. Das wäre megaungesund!«

Enzo pflichtete ihr bei. Gemeinsam starrten sie wieder auf das Buch. Sie hatten noch kein Rezept gegen die Erdbeerliebe gefunden. Und es waren nur noch wenige Seiten übrig. Was, wenn es einfach kein Rezept gab? Was, wenn Elena auf ewig dazu verdammt war, Tim zu lieben? Nur weil sie ein Erdbeertörtchen gegessen hatte?

Plötzlich stießen sie auf eine schwarz gefärbte Seite. *Die dunklen Rezepte* stand dort in weißer Schrift auf dunklem Grund. Danach kam eine Warnung, die Lilou wieder einen Schauder über den Rücken jagte.

»Die Wirkung dieser Rezepte ist unangenehm, böse oder sogar gefährlich. Sie sind nur im äußersten Notfall anzuwenden!«

Mit einem mulmigen Gefühl blätterte Lilou weiter durch die Seiten.

»Das Schluckauf-Fluch-Rezept«, las Enzo leise vor, »mit Bohnen. Sorgt für einen niemals endenden Schluckauf.«

»Ich wusste schon immer, dass Bohnen böse sind«, flüsterte Lilou. Als könne sie jemand dabei belauschen, wie sie durch verbotene Rezepte blätterte.

Auf den Schluckauf folgten Albtraum-Gummibärchen mit Kirschgeschmack.

»Wie gruselig«, sagte Enzo.

»Und das erst!« Lilou deutete auf die nächste Seite, auf die Ida einen hohen Turm mit Dornenranken gekritzelt hatte. »Dornröschenschlaf-Suppe. Eine Kürbissuppe mit gemahlenen Dornen und Zimt. Sorgt dafür, dass man für eine Woche in einen Tiefschlaf fällt, aus dem man nur mit einem Kuss wiedererweckt werden kann.«

Jetzt mussten sie beide lachen. Doch das Lachen verging ihnen, als sie auf die letzte Seite des Rezeptbuches blickten.

Entliebe-dich-Wasser.

»Das ist es!«, rief Enzo aufgeregt.

Vor Schreck hatte Lilou das Buch fallen lassen und legte es jetzt zurück auf ihre Knie. Mit zitternden Fingern fuhr sie über den Text, den Ida geschrieben hatte, und las vor: »Oh Rose, du betörend duftende Rose, zerstöre die magische Kraft der Erdbeerliebe! Dieses Rezept macht den Zauber der Erdbeerliebe wieder rückgängig. Man nehme die Blü

tenblätter der Rosenkönigin, presse sie aus und mische den so gewonnenen Rosenextrakt mit klarem Wasser. Fertig ist das Entliebe-dich-Wasser! Um zu wirken, muss die von der Erdbeerliebe betroffene Person gemeinsam mit ihrem Auserwählten ein Bad im Rosenwasser nehmen. Sobald das Wasser ihre Herzen umspült, löst sich die Erdbeerliebe auf, die ihr Herz wie klebriges Gelee umhüllt hat. Und die Person ist wieder frei, sich ganz natürlich und ohne Zauber zu verlieben, wenn der richtige Moment und die große Liebe gekommen sind.«

»Das klingt super«, sagte Enzo. »Aber wer oder was ist die Rosenkönigin?«

Lilou deutete auf Idas Zeichnung unterhalb des Rezepts. »Hier hat sie noch etwas notiert«, sagte sie und hielt das Buch ganz nah an ihre Augen, um die kleinen Buchstaben entziffern zu können. »Unter einhundert rosafarbenen Rosen im Wundergarten gibt es nur eine einzige Königin. Ihr Duft ist der stärkste, ihr Leuchten das hellste, ihre Blüten anmutig und königlich.«

»Das heißt, wir müssen diese Rose suchen?«, fragte Enzo. Seine Stimme klang leicht verzweifelt.

Lilou klappte das Buch schwungvoll zu und nickte. »Genau das heißt es wohl. Die Frage ist nur, wie wir Elena und Tim dazu bekommen, im Rosenwasser zu baden?«

Die beiden sahen sich ratlos an. Dann fiel Lilou ein, dass sie ja noch eine Wunderwaffe aus Albrechts Sammlung in der Tasche trug. Sie zog die beiden Denknüsse daraus hervor und warf Enzo eine zu. »Essen!«, befahl sie. »Die beschleunigen das Denken. Dann finden wir bestimmt eine Lösung.«

Enzo begutachtete kritisch die braune Nuss, die ein bisschen wie eine Haselnuss aussah. Doch dann steckte er sie sich in den Mund und begann zu kauen. Lilou tat es ihm gleich. Die Nuss knackte unter ihren Zähnen, und ein mehlig-weiches Aroma legte sich auf ihre Zunge. Schon nach zwei Sekunden spürte sie die Wirkung. Ihre Gedanken begannen zu rasen wie ein galoppierendes Pferd auf einer Rennbahn. Gedankenfetzen und Bilder zogen durch ihren Kopf, vollführten Drehungen und Loopings wie auf einer Achterbahn, drehten sich im Kreis, sodass Lilou ganz schlecht wurde. Sie spuckte die Nuss aus, doch die Gedanken ratterten weiter. Bis sie plötzlich ruckartig stehen blieben, als habe ein Schaffner im Zug die Notbremse gezogen. Eine Idee pulsierte ganz deutlich in Lilous Kopf. Sie konnte sie vor ihrem inneren Auge sehen wie einen Film. Enzo schien es genauso zu gehen, denn er starrte Lilou vollkommen verblüfft an.

»Ich hab's!«, riefen beide wie aus einem Mund.

Enzo sprach als Erster seine Idee aus: »Wir mischen das Rosenwasser in einen Pool, in dem die beiden baden können. Wir könnten mit ihnen ins Freibad gehen und es dort versuchen?«

Lilou schüttelte den Kopf. »Pool ist gut, aber für ein so riesiges Becken wie im Freibad bräuchten wir eine Menge Rosenwasser. Ich habe eine bessere Idee: Wir veranstalten eine Gartenparty! Und überreden Papa, uns ein Planschbecken zu kaufen. Das füllen wir mit Rosenwasser und lotsen Elena und Tim hinein – und schon ist Elena ganz die Alte!«

»Perfekt!«, erwiderte Enzo und hob die Hand, damit Lilou abschlagen konnte. »Jetzt müssen wir nur noch die Rosenkönigin finden.«

»Und meine Eltern überreden, dass wir am Wochenende eine Gartenparty feiern dürfen.«

»Du kriegst das schon hin«, sagte Enzo grinsend. »Und wenn nicht, versetzen wir sie einfach mit einer Kürbis-Dornen-Suppe in einen Dornröschenschlaf.«

»Enzo!«, rief Lilou gespielt schockiert und tat so, als würde sie das Buch nach ihm werfen. Doch er war bereits lachend aufgesprungen und in Richtung Treppe davon. Lilou folgte ihm und konnte es sich nicht verkneifen, fröhlich pfeifend durch den Flur zu hopsen. Sie fühlte sich schon wie eine echte Wundergärtnerin.

13

Wo ist die Rosenkönigin?

Die schönste Rose in einem Meer aus Rosen zu finden gestaltete sich schwieriger als gedacht. Lilou hatte sich an die Rosen hinter der Gartenlaube erinnert, und so kletterten sie erneut durch ihre Rückseite. Als sie sich umdrehten, war der gesamte Pavillon, durch den sie gekommen waren, tatsächlich wieder wie verzaubert und von leuchtenden Rosenranken bewachsen. Die Rosenwand vor ihnen schien beinahe den Himmel zu berühren. Die Rosenstöcke hatten sich um die weißen Holzbalken der Laube geschlungen, daran hinaufgezogen, um ihre vielen rosafarbenen Blüten der Sonne entgegenzurecken. Welche Rose war die Königin? Ihnen würde wohl nichts anderes übrig bleiben, als zu suchen. Sie teilten sich auf und untersuchten jede einzelne Blüte. Lilou musste sogar auf die Holzwand der Laube klettern, um die oberen Blüten erreichen zu können. Sie zerkratzte sich die Haut an den Dornen und schnupperte an so vielen Rosen, dass ihr schwindelig wurde. Sie dufteten alle wundervoll, doch welche verströmte den stärksten Duft und hatte das hellste Leuchten? Ihre Finger fuhren über die samtweichen Rosenblätter, und sie hoffte so sehr, dass die Rosenkönigin tatsächlich in Idas Wundergarten wuchs.

»Hast du schon was gefunden?«, rief Enzo von der anderen Seite. Seine Stimme klang so weit entfernt, als wäre er tief in die Rosenwand eingedrungen.

»Nein!«, rief Lilou enttäuscht. Diese Aufgabe hatte sie sich einfacher vorgestellt. Genervt sprang sie von der Laube, entfernte sich zwei Schritte und ließ den Blick über die Rosenstöcke gleiten. Das Leuchten der Königin musste doch zu sehen sein! Doch für sie sahen alle Rosen gleich aus. Sie waren rosafarben, sie waren schön und wirkten irgendwie friedlich und zufrieden. Keine einzige stach aus der Masse hervor.

Enttäuscht ließ sich Lilou ins Gras fallen. Sie achtete nicht darauf, dass ihre kurze rote Hose wahrscheinlich Grasflecken bekam. Sie hatte einfach keine Lust mehr, länger herumzustehen und zu suchen. Vielleicht sollte sie es wie Bruno machen? Einfach ins Gras legen und lachen? Lilou ließ sich zurücksinken und schloss für einen kurzen Moment die Augen. Die Sonnenstrahlen wärmten ihre Wangen, und sie merkte, wie ihr Körper sich entspannte. Sie brauchte eine Idee. Wer könnte ihnen bei der Suche nach der Rosenkönigin helfen?

»Der Blutweiderich!«, rief sie aus und setzte sich ruckartig auf.

»Was sagst du?«, fragte Enzo, der die Suche ebenfalls aufgegeben hatte.

»Der Blutweiderich kann uns verraten, wo wir die Rose finden«, wiederholte Lilou. Und schon stand sie auf den Beinen und machte sich auf den Weg in das Waldstück, in dem sie beim letzten Mal dem

sprechenden Blutweiderich begegnet waren. Tatsächlich war er noch immer an Ort und Stelle neben dem Gartenteich.

»Ihr schon wieder«, kommentierte er mit seiner tiefen Männerstimme, als Lilou und Enzo völlig außer Puste vor ihm zum Stehen kam. »Ihr gebt wohl niemals Ruhe.«

Eigentlich hätte Lilou ihn ausschimpfen müssen, weil er ihnen verschwiegen hatte, dass Mohnblüten rasende Wut erzeugten. Doch statt ihn zu verärgern, brachte sie gleich ihr Anliegen vor. »Wächst die Rosenkönigin in Idas Garten? Und wenn ja, wo finden wir sie?«

»Versteckt sie sich vielleicht zwischen den Rosen hinter der Gartenlaube?«, fragte Enzo.

»Pff!« Der Blutweiderich schnaubte wieder mal abfällig und schüttelte seine Blüten. »Bei der Gartenlaube? Da habt ihr wirklich gesucht? Ich bitte euch … Als würde eine Königin in einer Gartenlaube wohnen!«

»Wo denn sonst?«, fragte Lilou genervt. Dieser Blutweiderich war ganz schön eingebildet. Er hatte ihre Oma sicher zur Weißglut getrieben, nachdem sie ihn gestohlen hatte. Ob sie jemals mit dem Gedanken gespielt hatte, ihn einfach wieder in die Alpen zurückzubringen, um Ruhe vor ihm zu haben? Oder ihn tatsächlich zu Anti-Falten-Creme zu verarbeiten? So herzlos war sie wohl doch nicht gewesen.

»In einem Schloss natürlich«, schimpfte der Blutweiderich, als seien Lilou und Enzo zwei dumme kleine Kinder. »Eine Königin wohnt in einem Schloss. Und die Rosenkönigin hat sich das schönste Schloss gesucht, das in diesem Garten existiert.«

»Und das wäre?« Lilous Körper war schon wieder gespannt wie ein Bogen. Sie hielt diese Spannung einfach nicht länger aus!

»Der Wintergarten der Blumendiebin natürlich«, sagte der Blutweiderich. »Ein Palast aus Glas und Licht und Wärme. Ganz schön abgehoben, diese Rosenkönigin. Will immer was ganz Besonderes sein und muss deswegen alles anders machen als die übrigen Wunderpflanzen. Wer setzt sich bitte freiwillig in einen Wintergarten?«

»Aber … wie ist sie da denn reingekommen?«, fragte Lilou verwirrt. Der Wintergarten besaß ein Dach, einen Steinboden und geschlossene Fenster. Wie sollte da eine Rose aus dem Boden wachsen?

»Die Blumendiebin hat an einer Stelle den Steinboden für ihre geliebte Königin aufgeschlagen und sie dort in die Erde gesetzt. Seitdem steht sie unerschütterlich und anmutig im Wintergarten. Ist sie euch noch gar nicht aufgefallen?«

Lilou und Enzo schüttelten beide den Kopf. Sie waren bereits mehrere Male in Annas neuem Laden gewesen. Kein einziges Mal war ihnen eine leuchtende Rose aufgefallen, die aus dem Boden gewachsen war. Sie hätten so eine ungewöhnliche Blume doch bemerken müssen! Das ließ nur einen Schluss zu: Ihre Eltern hatten die Rose ausgegraben, weil sie in Annas Laden gestört hatte. Sie hatten die einzige Hoffnung zerstört, Tim zu retten!

»Verdammt noch mal, das darf doch nicht wahr sein …«, fluchte Enzo. Lilou hatte ihren Cousin selten fluchen hören, doch jetzt schien er wirklich verärgert. »Soll wirklich alles umsonst gewesen sein?«, fragte er verzweifelt.

»Nein«, sagte Lilou entschlossen, obwohl auch sie einen Kloß im Hals spürte. »Wir geben nicht auf. Nicht, bis ich mich mit eigenen Augen davon überzeugt habe, dass diese Rose wirklich nicht mehr existiert.«

»Was redet ihr zwei Gören da?«, fragte der Blutweiderich plötzlich schockiert. »Die Rosenkönigin soll nicht mehr existieren? Das wäre eine Tragödie!«

»Warum?«, fragte Lilou. »Du scheinst sie nicht besonders zu mögen, so abfällig, wie du über sie redest.«

»Aber … ich …«, stammelte der Blutweiderich. »Ich konnte mich nicht einmal von ihr verabschieden …« Bildete Lilou sich das nur ein, oder zuckten die Blüten des Blutweiderichs wirklich ein wenig, als müsste er ein Schluchzen unterdrücken?

»Du kanntest sie persönlich?«, fragte Enzo.

»Ich habe sie geliebt …«, hauchte der Blutweiderich plötzlich. »Ein halbes Jahr lang durfte ich ihre Gesellschaft im Gewächshaus genießen, bevor die Diebin uns umgepflanzt hat – mich in dieses düstere Waldstück, sie in ihren Wintergarten. Die Rosenkönigin hat es so gewollt! Nicht mal mit ihren Dornen hat sie mich angeschaut! Ich war niemals gut genug für sie – ein einfacher Blutweiderich und eine königliche Rose, das passt schließlich nicht zusammen. Aber ich habe sie trotzdem geliebt. Nacht für Nacht denke ich an sie, seit ich in diesem verflixten Garten festsitze. Und jetzt soll sie einfach von uns gegangen sein? Das darf nicht sein!« Seine Stimme war brüchig geworden, und Lilou hörte die Tränen, die er zu unterdrücken versuchte. Ein weinender Blutweiderich mit Liebeskummer. Dieser Garten wurde wirklich immer verrückter. Lilou verspürte das unerklärliche Bedürfnis, in die Hocke zu gehen, dem Blutweiderich sanft über die Blüten zu streicheln und ihn zu trösten. »Weine nicht«, sagte sie, »wir suchen deine Rosenkönigin. Und wenn wir sie gefunden haben, richten wir ihr aus, wie sehr du sie vermisst. Noch ist nichts verloren!«

Doch als sie einen Blick mit Enzo tauschte, war sie sich plötzlich nicht mehr sicher, ob sie ihr Versprechen würde halten können. Wie groß war die Wahrscheinlichkeit, die Rose noch im Wintergarten zu finden?

»Sagt ihr, dass ich sie liebe«, schniefte der Blutweiderich. »Und dass ich eines Tages zu ihr in den Wintergarten ziehen werde, wenn sie meine Königin sein möchte.«

Lilou nickte, und Enzo tätschelte dem Blutweiderich aufmunternd die Stängel. Dann verabschiedeten sie sich, um die Königin zu suchen.

14

Zauberwasser

Als Lilou und Enzo in den Wintergarten stürmten, war Anna gerade dabei, das Geld in der Kasse zu zählen. Sie hatte von innen schon das »Geschlossen«-Schild an die Ladentür gehängt.

»Mama, wo ist die Rose?«, rief Lilou aufgeregt. Sie hatte Mühe, nicht gegen die Tische und Regale zu taumeln, auf denen Anna Schmuck, Stoffe und Wolle ausgebreitet hatte. Durch die großen Fensterscheiben fiel sanftes Abendlicht in den Laden.

»Die Rose? Wie kommst du denn darauf?«, fragte Anna.

»Also stimmt es?«, fragte Enzo. »Hier gab es eine Rose, die aus dem Boden gewachsen ist?«

Anna nickte. »Hier«, sagte sie und deutete auf eine Stelle nahe der Fenster. »Mitten im Wintergarten. Es war unglaublich.« Sie hob einen Wollteppich an, den sie über das kleine Loch im Boden gelegt hatte. Tatsächlich war der Steinboden an dieser Stelle aufgeschlagen worden. Darunter war Erde zu sehen. Nur von der Rosenkönigin fehlte jede Spur. Sie war fort. Lilou hätte am liebsten aufgeheult.

»Was habt ihr mit ihr gemacht?«, fragte sie atemlos. »Habt ihr sie etwa … in den Müll geworfen?«

»Aber Lilou!« Anna schmunzelte. »So eine schöne Rose? Die gehört doch nicht in den Müll.«

»Sie ist also noch hier?«, fragte Enzo.

Anna lächelte wieder. »Kommt mal mit«, sagte sie dann und führte sie zu einem hohen Regal, das an der gegenüberliegenden Wand lehnte. Tagsüber wurde es durch die großen Fensterscheiben von der Sonne beschienen.

»Das gibt es doch nicht!«, entfuhr es Enzo.

Da stand sie, die Rosenkönigin. Umgeben von Annas schönstem Schmuck aus Rosenblüten, reckte sie ihren Kopf dem Licht entgegen. Sie war samt Erde in einen Blumentopf gesetzt worden und stand unter einer Glasglocke, die sie vor den Ladenbesuchern schützen sollte. Die Blüten auf dem schmalen Stiel leuchteten wie ein pinkfarbener Mond.

»Wir hatten Angst, dass die Kunden sie kaputt treten würden, deswegen haben wir sie aus dem Boden gegraben und ins Regal gestellt«, erklärte Anna. »Sie ist unglaublich schön. Als ich den Wintergarten das erste Mal betreten habe, hat er intensiv nach Rose geduftet. Als wäre der ganze Raum gefüllt mit einem Rosen-Schaumbad. Und ich glaube, ihr gefällt es in diesem Regal ziemlich gut. Sie scheint es zu genießen, dass sie von meinen Kunden regelrecht bewundert wird.«

»Aber warum ist sie mir bisher nicht aufgefallen?«, fragte Lilou. Ihre Hände zitterten noch immer leicht vor Aufregung.

»Wir haben sie erst gestern vor der Ladeneröffnung hierhingestellt, weil sie sich in unserem Schlafzimmer nicht wohlgefühlt hat.«

»Bei den vielen Gästen muss ich sie einfach übersehen haben«, überlegte Lilou.

»Wie auch immer«, sagte Anna und ging zurück zu ihrer Kasse. »Sie ist eine wahre Augenweide. Ich habe wirklich nie zuvor eine majestätischere Rose gesehen.«

»Sie ist ja auch die Königin«, flüsterte Lilou so leise, dass nur Enzo sie hören konnte. Ehrfürchtig blickte sie zu der Glasglocke hinauf. Ob die Königin sie hören konnte? Ob sie sich eines Tages mit dem Blutweiderich anfreunden würde?

»Ihr könnt schon mal den Tisch fürs Abendessen decken«, unterbrach Anna Lilous Gedanken. »Ich bin gleich fertig und komme dann nach.«

Nur widerwillig lösten sich Lilou und Enzo von der Rose und verließen Annas Laden. Doch sie würden nach dem Abendessen zurückkehren und Rosenwasser herstellen.

Auf halbem Weg fiel Lilou noch etwas ein: »Mama, darf ich am Freitagnachmittag eine Gartenparty veranstalten? Ich würde so gerne meine neuen Freunde aus meiner Klasse einladen und ihnen Oma Idas Haus zeigen. Bitte!«

Anna sah Lilou verdutzt an. Erst wirkte es so, als wolle sie Nein sagen. Doch dann hellte sich ihre Miene auf. »Das ist eigentlich eine schöne Idee. Warum nicht? Wir haben so viel Platz im Garten, und ich freue mich, deine neuen Freunde kennenzulernen.«

»Können wir ein Planschbecken besorgen?«, fragte Enzo von hinten. Er stand schon fast auf dem Flur vor Annas Laden. »Es ist viel zu heiß, um nur in der Sonne zu sitzen.«

»Da habt ihr recht«, sagte Anna lachend. »Bruno kümmert sich darum.«

Lilou konnte sich nicht mehr zurückhalten. Sie stieß einen Jubelschrei aus und fiel ihrer Mutter um den Hals. »Danke«, quietschte sie ihr ins Ohr. »Du wirst sehen, das wird eine magische Gartenparty!« Dann tänzelte sie mit Enzo aus dem Laden in Richtung Küche.

Sie hatten es geschafft! Jetzt fehlte bloß noch das Entliebe-dich-Wasser. Lilou konnte es gar nicht erwarten, die Rose von ihrer Glasglocke zu befreien, ihren Duft zu riechen und ihre Blütenblätter zu berühren. Beim Essen schlang sie ihre Bratwurst und das Grillgemüse hinunter, als hätte sie drei Tage nichts gegessen, und zählte im Kopf die Sekunden, bis die Erwachsenen das Abendessen endlich für beendet erklärten.

Lilou fand den Schlüssel zu Annas Laden unter dem Blumentopf mit dem großen Drachenbaum. So leise wie möglich drehte sie ihn im Schloss herum und öffnete die Tür. Der Laden schlummerte vor sich hin. Alles lag ganz still in den Regalen, das Dämmerlicht warf Schatten auf Boden und Wände. Nur die Rose glühte wie eine Leuchtkugel. Eigentlich hätten Lilou und Enzo bereits im Bett liegen müssen, doch sie hatten sich heimlich aus ihren Zimmern ins Erdgeschoss geschlichen. Ihre Eltern hatten im Wohnzimmer vor dem Fernseher gesessen und sich angeregt unterhalten. So hatten sie die beiden nicht bemerkt.

Bereits nach dem Abendessen war es Lilou gelungen, ein Glasfläschchen und eine Knoblauchpresse aus der Küche zu stibitzen. Jetzt mussten sie sich nur noch ans Werk machen.

Sie schlossen die Tür hinter sich und schlichen auf Zehenspitzen durch den Laden. Enzo trug einen Stuhl zum Regal. Lilou kletterte hinauf. Einen Moment lang hing ihr Blick wie gebannt an der leuchtenden Rose. Dann hob sie vorsichtig die Glasglocke an. Die Rosenkönigin schien leise zu seufzen, und im selben Moment benebelte ihr magischer Duft Lilous Sinne. Ein süßlich-schwerer Geruch umhüllte sie wie ein Wirbelsturm. Lilou musste sich konzentrieren, um nicht zu vergessen, weshalb sie überhaupt hier war.

»In Oma Idas Rezeptbuch steht, dass man der Rosenkönigin auf keinen Fall alle Blütenblätter auf einmal klauen darf. Weil sie sonst nicht nachwachsen können«, erklärte Enzo vom Boden aus. Auch er schien verzaubert von der Blume. Ihr pinkfarbenes Leuchten spiegelte sich in seinen Pupillen.

»Dann nehmen wir nur ein paar von den äußeren Blättern«, sagte Lilou und streckte ihre Finger nach der Rose aus. Was würde passieren, wenn sie die leuchtenden Blüten mit ihren Fingerspitzen berührte?

Ein Blütenblatt schmiegte sich an ihre Haut, es fühlte sich so fein wie Seide an. Lilou löste es vorsichtig von der Blume und legte es in Enzos geöffnete Hände.

»Ich hoffe, es ist in Ordnung, dass wir Ihre Blüten stehlen?«, fragte sie die Rose entschuldigend. »Wir brauchen sie wirklich dringend, um Tim zu retten.«

Die Blütenblätter schienen kurz zu beben, dann senkte die Rose ihren Kopf, als würde sie nicken. Lilou hielt die Luft an. Die Rosenkönigin sprach zwar nicht, doch sie schien Lilous Worte zu verstehen. Also fuhr sie fort, während sie ganz vorsichtig weitere Blüten abzupfte: »Es gibt da einen Blutweiderich, der Sie sehr vermisst. Er hat sich in Sie verliebt, als Sie gemeinsam im Gewächshaus standen. Meinen Sie, Sie könnten ihn mal besuchen? Enzo und ich könnten das organisieren. Er würde sich wirklich freuen!«

Dieses Mal schüttelte die Rose ihre grünen Blätter, als würde der Gedanke ihr Schüttelfrost bereiten. Ihren Kopf reckte sie weiterhin aufrecht dem letzten Abendlicht entgegen. Wahrscheinlich war sie ähnlich eingebildet und stur wie der Blutweiderich. So schlecht, wie er behauptet hatte, passten sie gar nicht zusammen. Doch als Lilou ein viertes Blütenblatt gelöst hatte, nickte die Rosenkönigin plötzlich erneut. Sie schien einverstanden zu sein!

»Super!«, rief Lilou. »Dann kommen wir ganz bald wieder und bringen Sie in den Garten! Vielen Dank für Ihre Hilfe!« Lilou gab der Rose einen Kuss und spürte dabei ein Kribbeln auf den Lippen. Bildete sie sich das bloß ein, oder lächelte die Rose? Sie schien eine nette Königin zu sein. Vorsichtig hob Lilou die Glasglocke wieder über den Blumentopf und winkte der Königin zum Abschied zu. Dann stieg sie vom Stuhl.

»Wir haben es geschafft«, sagte Enzo stolz, als Lilou wieder vor ihm stand. Er schloss vorsichtig die Hände um die vier gepflückten Blütenblätter. Sie leuchteten noch immer, als glühten sie von innen. Dann knieten sie sich auf den Boden und zogen ihre Utensilien aus den Hosentaschen. Enzo legte die Blüten in die Knoblauchpresse, und Lilou hielt die Glasflasche darunter. Als Enzo die Blüten auspresste, löste sich flüssiger Rosenextrakt, den Lilou mit dem Glasfläschchen auffing. Sie waren tatsächlich dabei, Rosenwasser herzustellen! Stolz blickte Lilou auf die Flüssigkeit, die sich in dem Fläschchen sammelte und noch immer neonfarben leuchtete. Ein wahres Zauberelixier! Das mussten sie am Freitag nur noch ins gefüllte Planschbecken schütten, und schon hatten sie Entliebe-dich-Wasser geschaffen. Wie zwei echte Wundergärtner.

Sie schloss das Fläschchen mit einem Schraubverschluss. Dann versteckten sie es in Lilous Lieblings-Wintersocken, tief in ihrem Kleiderschrank. Ihre Eltern hatten von dem nächtlichen Ausflug zum Glück nichts bemerkt. Und so konnten sich die beiden endlich schlafen legen. Was für ein langer Tag!

15

Eine Gartenparty muss her!

Enzo zeichnete noch vor dem Frühstück lustige Einladungskarten, und Lilou verteilte sie vor der ersten Stunde an ihre Mitschüler. Sie zeigten ein rotes Planschbecken in Oma Idas Garten und luden alle am Freitag ab fünfzehn Uhr zur größten Gartenparty des Jahres ein. Die meisten Kinder freuten sich riesig, dass Lilou eine Party veranstaltete. Vielleicht waren sie auch nur neugierig auf den Garten, über den sie schon so viele Schauermärchen gehört hatten. Nur Elena schien wenig Lust zu haben.

»Was soll ich denn im Garten der verrückten Oma?«, maulte sie. »Ich hab am Freitag Besseres zu tun, als mit dir zu feiern und zu planschen.« Ihr Blick streifte Lilou abfällig. Sie schien wirklich nichts an ihr zu mögen. Weder ihre wilden blonden Haare noch ihre bunten Kleider. Und ihre Oma und deren Garten mochte sie erst recht nicht.

»Tim kommt auf jeden Fall«, sagte Lilou und stieß Tim schnell den Ellbogen in die Seite, damit er zustimmte. »Du lässt ihn doch nicht allein auf die Party gehen, oder? Das fände er bestimmt sehr traurig.«

Tim wollte widersprechen, doch da hatte Elena schon ihren Arm um seine Schultern gelegt. »Kommt gar nicht infrage«, flötete sie. »Wenn das so ist, komme ich natürlich mit! Dann planschen wir zusammen, Timmyboy!« Sie wuschelte ihm durchs Haar, und er verdrehte die Augen.

»Wie sehr ich das hasse«, presste er hervor, als Elena sich etwas entfernt hatte. »Wenn das nicht bald aufhört, muss ich die Schule wechseln.«

»Warum sagst du ihr nicht einfach, dass du das nicht magst?«, fragte Enzo.

»Das habe ich doch schon!«, rief Tim. »Tausendmal! Aber es scheint ihr nichts auszumachen. Sie macht trotzdem weiter. Als wäre sie verhext.«

Lilou tätschelte ihm die Schulter. »Keine Sorge«, sagte sie, »das hat bald ein Ende.«

»Wie meinst du das?«, fragte Tim.

Doch statt zu antworten, tauschte Lilou nur ein wissendes Grinsen mit Enzo. Die Gartenparty konnte starten!

Am Freitag strahlte die Sonne vom Himmel wie eine Heizlampe. Die Luft flirrte. Grashalme kitzelten die nackten Fußsohlen. Die Vögel und Insekten hatten sich in den Schatten zurückgezogen. Bruno lief der Schweiß über die Stirn, als er das Planschbecken aufpumpte. Cécile füllte prickelnde Zitronenlimonade in blaue Becher. Und Lilou spannte gemeinsam mit Enzo Sonnenschirme auf. Als Bruno das Planschbe-

cken mit Wasser gefüllt hatte und duschen ging, zog Lilou das Glasfläschchen mit dem Rosenextrakt aus der Tasche ihrer kurzen Hose.

»Und hier kommt der letzte Streich«, sagte sie feierlich, als sie den pinkfarbenen Inhalt des Fläschchens in das Planschbeckenwasser kippte. »Das perfekte Entliebe-dich-Wasser!«

Das Rosenwasser löste sich in dem Planschbecken komplett auf, sodass es nicht mehr zu sehen war. Das Entliebe-dich-Wasser sah somit aus wie ganz normales Wasser. Niemand würde Verdacht schöpfen.

»Der Zauber kann beginnen«, sagte Enzo und schoss wie zum Beweis ein Foto von Lilou mit dem leeren Glasfläschchen. »Für mein Notizbuch über den Wundergarten«, sagte er. »Ein echter Forscher muss schließlich alle Forschungsaktivitäten dokumentieren.«

Recht hatte er! Doch noch mehr interessierte Lilou, ob Elena und Tim tatsächlich kommen würden.

Ab drei Uhr begann sich der Garten schließlich zu füllen. Lilou begrüßte ein paar Mädchen, mit denen sie sich mittlerweile richtig gut verstand, und reichte jedem einen Becher Zitronenlimonade. Alle hatten ihre Badesachen unter ihrer Kleidung an, und bei der Hitze dauerte es nicht lange, bis sie sich ins Planschbecken setzten oder mit Wasserspritzpistolen beschossen. Cécile war so lieb gewesen, neben der Zitronenlimonade noch einen Zitronenkuchen mit Zitronensahne zuzubereiten. Natürlich nicht mit Zitronen aus dem Wundergarten. Denn

die, das hatte Lilou in Idas Rezeptbuch gelernt, sorgten dafür, dass man unablässig Witze erzählte. Sauer macht eben lustig.

Die Zeit verstrich, und Lilou konnte nicht aufhören, ständig in die Küche zu laufen und auf die Uhr zu schauen. Wo blieben Tim und Elena bloß? Als sie wieder hinaustrat, bemerkte sie, dass Enzo seine liebe Mühe hatte, die anderen Kinder von den magischen Pflanzen fernzuhalten. Ständig drohte jemand von den Johannisbeeren oder Brombeeren zu naschen oder an den Blumen zu schnuppern. Lilou musste lachen. So ein Wundergarten konnte ziemlich anstrengend sein!

»Hallo, Lilou.« Erschrocken drehte sie sich um. Da stand Tim und hielt ihr mit einem verlegenen Lächeln ein Päckchen hin. »Danke für die Einladung.«

Lilou nahm das Päckchen und betrachtete es neugierig. Was hatte Tim ihr da mitgebracht? Ihr Herz klopfte ein bisschen schneller, als sie das Geschenkpapier aufriss. Darunter kam ein Bilderrahmen samt Foto

zum Vorschein. Das Foto zeigte Oma Ida in Gummistiefeln und Latz-hose in ihrem Garten. Strahlend wie die Rosenkönigin.

»Ich dachte mir, du freust dich über ein Foto deiner Oma in ihrem Garten«, erklärte Tim. »Weil du sie doch nie kennengelernt hast … So kannst du sie dir ins Zimmer stellen. Mein Vater hat das Foto vor ein paar Jahren geschossen, als er Ida geholfen hat, einen kranken Baum zu fällen.«

»Dein Vater war hier?«, fragte Lilou überrascht. »Er kannte meine Oma?«

»Klar«, sagte Tim. »Wenn du willst, kannst du uns mal besuchen kommen, hat er gesagt. Dann erzählt er dir von der Baumfäll-Aktion.« Tim hatte die Hände in die Taschen seiner gestreiften Badeshorts ge-steckt und lächelte. Er sah ziemlich cool aus mit seiner Wuschelmähne. Lilou wusste nicht, was sie sagen sollte. Sie war so überrascht, dass er ihr ein Geschenk mitgebracht hatte. Und dann auch noch ein Foto ihrer Oma! Das war der bisher schönste Moment des Tages!

»Vielen Dank«, sagte sie leicht errötet und umarmte ihn hastig. »Das ist ein ganz besonderes Geschenk.«

Dann tauchte Elena auf. Sie nickte Lilou bloß kurz zu und schaute dann mit kritischem Blick in den Garten. »Und das soll die Party des Jahres sein?«, maulte sie. »Hier läuft ja nicht mal Musik …«

»Dafür haben wir ein Planschbecken«, sagte Lilou schnell. Sie konnte es gar nicht fassen, dass tatsächlich beide gekommen waren. Das war ihre Chance, alles wiedergutzumachen! Bevor Elena sich weiter beschweren konnte, lotste Lilou die beiden zum Entliebe-dich-

Wasser. Und als Elena das Becken sah, hellte sich ihre Miene tatsächlich auf.

»Komm, Timmyboy, wir gehen planschen«, trällerte sie, warf ihr Kleid zur Seite und hüpfte übrmütig in ihrem lilafarbenen Bikini ins Becken. Sie legte sich flach ins Wasser, sodass nur noch ihr Kopf herausschaute.

Jetzt oder nie!, dachte Lilou. Tim schien jedoch keine große Lust zu haben, Elena zu folgen. Am liebsten hätte er sich zum Tisch mit dem Zitronenkuchen verdrückt. Doch so einfach würde Lilou ihn nicht entkommen lassen. Schließlich diente dieses Bad seiner eigenen Rettung. Also versetzte Lilou ihm einen Stoß. Sie schubste ihn ins Planschbecken, wo er bäuchlings im Wasser landete – er hatte nicht mal Zeit gehabt, das T-Shirt auszuziehen. Das Wasser spritzte zu allen Seiten, und Elena quiekte laut. Tim fluchte kurz, weil sein T-Shirt komplett durchnässt war, doch dann begann er zu lachen. Er drehte sich im Wasser auf den Rücken, breitete die Arme aus und schaute in den tiefblauen Himmel. Sein Wuschelhaar wurde nass und schwer, und er schien vollkommen glücklich. Hatte dieser kurze gemeinsame Moment ausgereicht? Hatte das Entliebe-dich-Wasser ihre Herzen umspült und die Erdbeerliebe fortgewaschen?

Lilous Herz pochte vor Aufregung. Dann blickte sie zu Elena und bekam ihre Antwort. Sie fiel sogar ziemlich eindeutig aus.

»Tim, was machst du da?«, rief Elena aufgebracht. Sie versuchte, ihn mit ihrem Fuß wegzustoßen. »Geh weg! Das Planschbecken ist viel zu klein für uns beide!«

»Häh?« Tim schien gar nichts mehr zu verstehen. Verwirrt schaute er Elena an. »Du willst, dass ich weggehe? Dich in Ruhe lasse?«

»Was denn sonst?«, blaffte Elena ihn an. »Meinst du, ich will mit einem Blödmann wie dir in einem Planschbecken sitzen?« Und schon hatte sie sich umgedreht und ihren Freundinnen zugewunken, die nicht weit entfernt im Gras saßen. Tim stand langsam auf, stieg aus dem Planschbecken und schlich sich davon. Als hätte er Angst, Elena könnte es sich doch noch mal anders überlegen, wenn er zu viel Lärm machte.

»Limonade?«, fragte Lilou, die in der Nähe auf ihn wartete. Sie streckte ihm einen Becher entgegen.

»Hast du das gehört?«, flüsterte Tim. »Elena ist endlich wieder normal!«

»Hab ich«, sagte Lilou und zwinkerte ihm zu. »Ich fürchte nur, die verliebte Elena war netter zu dir als die normale Elena.«

»Egal«, sagte Tim und trank die Limonade in einem Zug aus. »Alles ist besser als die verliebte Elena! Wobei ich gerne wissen würde, warum sie sich überhaupt in mich verliebt hat … und plötzlich nichts mehr von mir wissen will …«

»Ach, ist doch egal«, sagte Lilou schnell. »Hauptsache, alles ist wieder gut!« Am liebsten hätte sie es laut in den Garten geschrien. Sie hatten tatsächlich die Erdbeerliebe besiegt! Enzo und sie waren wahre Wundergärtner! Oma Ida wäre in diesem Moment sicher stolz auf sie gewesen. Auch wenn Lilou Tim zu seinem Glück hatte schubsen müssen. Und er erst durch ihre Erdbeertörtchen in diesen Schlamassel geraten war. Am Ende hatten sie alles dafür getan, die Dinge wieder geradezubiegen. Magie gegen Magie.

»Bilde ich mir das ein, oder rieche ich nach Rose?«, fragte Tim und schnupperte an seinem nassen T-Shirt.

»Echt? Also ich rieche nichts«, log Lilou. Dann zog sie ihn mit zu den anderen, um eine Runde Federball zu spielen.

»Wir haben es geschafft«, raunte sie Enzo im Vorbeigehen zu. »Das Rosenwasser hat gewirkt!«

»Ich sehe es«, erwiderte Enzo und deutete auf Elena, die im Kreise ihrer Freundinnen wieder ganz die Alte war. Dann hob er die Hand, damit Lilou ihn abklatschen konnte.

Wie sehr sie sich freute, Tim und Elena von dem Erdbeerzauber befreit zu haben! Elena konnte sich endlich verlieben, in wen sie sich wirklich verlieben wollte. Und wieder Zeit mit ihren Freundinnen verbringen, die sie vernachlässigt hatte. Tim wurde nicht mehr von den

anderen Jungs ausgelacht und hatte endlich Zeit, auch mal was mit Lilou und Enzo zu unternehmen. Er hatte sich bereits mit ihnen zum Skateboardtraining verabredet. Eines Tages würde Lilou ihm vielleicht sogar den Wundergarten zeigen. Und ihm von der Erdbeerliebe erzählen. Doch zunächst genoss sie den Nachmittag. Die heiße Sonne auf der Haut. Das Prickeln der Zitrone auf ihrer Zunge. Die Musik, zu der sie im Garten tanzten. Tims Erleichterung. Elenas Zickereien. Und den leichten Hauch von Rosenduft, der wie Parfüm durch den Garten zog.

16

Ein Laden voller Wunder

Als die gesamte Familie Caillou am nächsten Morgen auf der Terrasse frühstückte, zog Lilou das Rezeptbuch von Oma Ida hervor. Sie legte es ihren Eltern vor die Nase und wartete einfach ab, während diese erstaunt darin blätterten.

»Glaubt ihr uns jetzt, dass Oma Idas Garten ein Wundergarten ist?«, fragte sie, als Anna auf der letzten Seite angekommen war.

»Woher habt ihr dieses Buch?«, fragte sie. »Und was sind das für seltsame Rezepte?«

»Wunderrezepte«, sagte Enzo. »Mit Wunderpflanzen aus dem Garten. Wenn ihr uns endlich glauben würdet, könnten wir es euch zeigen.«

Die Erwachsenen wechselten skeptische Blicke. Cécile war die Erste, die aufstand und die anderen herausfordernd ansah. »Was haben wir zu verlieren?«, fragte sie. »Entdecken wir Idas Garten!«

Lilou scheuchte ihre Eltern auf und lief voraus in Richtung Gartenlaube. Sie kletterten alle hindurch. Wobei Bruno schimpfte, dass

Sport am Morgen Folter sei. Was sie auf der anderen Seite empfing, war jedoch so magisch, dass es ihm die Sprache verschlug. Sie wurden von singenden Kürbissen empfangen, die glitzernden Sternblumen vollführten blitzende Saltos, der Duft der Rosen dampfte in der warmen Morgenluft, und das knopfäugige Eichhörnchen tänzelte um ihre Beine.

»Das ist ja ...«, setzte Bruno an, doch er fand keine passenden Worte.

»Magisch«, ergänzte Cécile, die sofort angefangen hatte, sich mit ausgebreiteten Armen im Kreis zu drehen.

Anna war vor den Kürbissen auf die Knie gegangen und lauschte fasziniert ihrem Chorgesang. Sie sangen ein Lied über den Garten. Von gut gelaunten Gräsern und übellauniger Minze, von eingebildetem

Blutkraut und königlichen Rosen, von Mondschaukeln und zerstörerischem Mohn, von lachenden Sonnenblumen und verliebten Beeren.

»Kommt mit«, sagte Lilou zu ihren Eltern. »Ich will euch noch etwas zeigen.«

Die drei Erwachsenen folgten ihr stumm und ehrfurchtsvoll. Der Garten schien sie verzaubert zu haben. Lilou führte sie am Bach entlang in das kleine Waldstück zum Blutweiderich.

»Was ist das denn für ein Kraut?«, fragte Bruno, als sie vor ihm standen.

»Kraut?«, rief der Blutweiderich beleidigt. »Pfff! Das wird ja immer bunter! Wer sind die Herrschaften, und warum habt ihr sie hergeschafft? Reicht es nicht, dass ihr zwei Taugenichtse mich ständig belästigt?«

»Das, lieber Blutweiderich, sind meine Eltern und meine Tante«, sagte Lilou feierlich. »Und das, liebe Eltern und Tante, ist der sprechende Blutweiderich.«

Die drei sahen sich misstrauisch an. Ihre Eltern schienen völlig fassungslos zu sein, dass dieses Kraut zu ihnen gesprochen hatte. Glaubten sie jetzt auch, sie wären verrückt geworden?

Schließlich sagte Anna: »Hallo, Herr Blutweiderich. Schön, Ihre Bekanntschaft zu machen.«

»Pfff«, machte der Blutweiderich wieder. »Die Tochter der verhassten Blumendiebin. Ein Traum. Kommt ihr mich jetzt etwa jeden Tag besuchen?«

Anna sah Lilou fragend an. Sie konnte ja nicht wissen, was Oma Ida wirklich als Wundergärtnerin getrieben hatte.

»Das erkläre ich euch später«, sagte Lilou. Und an den Blutweiderich gewandt: »Nicht jeden Tag, aber später schauen wir auf jeden Fall noch einmal vorbei. Da bringen wir dir nämlich ganz besonderen Besuch mit.«

Bevor der Blutweiderich etwas entgegnen konnte, hatte Lilou ihre Eltern und Tante Cécile schon mitgezogen. Sie führte sie zur Mohnblumenwiese und forderte sie auf, einen Purzelbaum zu machen. Und schon landeten sie alle wieder unter dem Apfelbaum vor der Terrasse.

»Das ist echt absolut verrückt!«, rief Cécile. »Verrückt, aber wunderbar!«

Sie hatten sich mittlerweile in der Küche versammelt. Oma Idas Rezeptbuch lag geöffnet auf dem Tisch und wurde von den einfallenden Sonnenstrahlen gestreift. Lilou und Enzo hatten ihren Eltern erzählt, was in den letzten Tagen geschehen war. Natürlich hatten sie auch nicht verheimlicht, dass Ida einige Pflanzen für ihre Sammlung gestohlen hatte. Und dass sie Wunderprodukte aus den Pflanzen hergestellt hatte.

»Das wäre doch eine Idee für deinen Laden, Anna!«, rief Cécile begeistert. »Wir stellen gemeinsam Wunderprodukte her, und du verkaufst sie neben dem Schmuck an deine Kunden.«

»Damit alle Schluckauf oder Albträume bekommen oder sich erdbeermäßig verlieben?«, fragte Bruno und sah seine Schwester kritisch an.

»Natürlich nur die harmlosen Rezepte«, erklärte Cécile. »Glücklich machendes Mirabellenkompott. Birnen-Quark-Kuchen für süße Träume. Petersiliendrops für einen erholsamen Schlaf. Oder Gänseblümchensirup gegen Sorgen.«

»Ich könnte eine Ecke mit Produkten aus dem Garten einrichten«, sagte Anna begeistert. »Und sie *Gartenzauber* nennen. *Die tägliche Portion Wunder aus dem Garten.*«

Lilou sprang begeistert von ihrem Stuhl. »Das klingt super! Genau so hätte Oma Ida sich das gewünscht!« Sie fiel ihrer Mutter vor Glück um den Hals.

»Ich sehe schon, ich bin überstimmt«, sagte Bruno und hob die Hände, als würde er sich ergeben. »Die Wahrheit über den Wundergarten muss aber unser Geheimnis bleiben. Sonst können wir uns gar nicht mehr retten vor neugierigen Nachbarn.«

Sie stimmten alle zu. Und während sich Anna und Cécile daranmachten, passende Rezepte aus Idas Buch zusammenzusuchen, zog Lilou Enzo in Richtung Laden. »Es gibt da noch eine Liebe, um die wir uns kümmern müssen«, flüsterte sie.

Enzo wusste genau, was sie meinte.

Die Vögel sangen ein Lied, als sie den Wundergarten erneut betraten. Dieses Mal blieb der Blutweiderich ganz stumm. Er schien viel zu aufgeregt zum Schimpfen zu sein. Oder er hatte Angst, sich gleich beim ersten Wiedersehen mit seiner großen Liebe unbeliebt zu machen. Lilou stellte den Blumentopf mit der Rose vorsichtig auf dem Boden ab und schob sie vor den Blutweiderich, sodass die beiden sich ansehen konnten. Die Rose strahlte auch hier draußen majestätisch und duftete wie eine ganze Rosenhecke.

»Hallo, Rosenkönigin«, hauchte der Blutweiderich irgendwann. »Ich freue mich so sehr, dich wiederzusehen!« Seine Stimme klang ziemlich nervös. Und überhaupt nicht so kratzbürstig wie sonst. Die Rose senkte ihren Blütenkopf zur Begrüßung und flatterte ein wenig mit ihren grünen Blättern. Lilou und Enzo hatten ausgemacht, sie für ein paar Stunden im Garten zu lassen und vor dem Schlafengehen wieder abzuholen. Ihr Zuhause war schließlich der Wintergarten. Aber wenn

Lilou die beiden nun betrachtete, ahnte sie, dass sie noch öfter Garten-
taxi würde spielen müssen. Vielleicht schafften sie es wirklich, sich zu
vertragen? Vielleicht würde die Rosenkönigin ihm eine Chance geben?
Lilou hoffte nur, dass der Blutweiderich nach ein paar Stunden nicht
wieder zum Miesepeter wurde. Noch war er so freundlich wie ein Veil-
chen. (Aus Oma Idas Rezeptbuch wusste Lilou, dass Wunderveilchen
die Freundlichkeit in Person waren. Ihr Duft besänftigte selbst den
übelsten Poltergeist.)

»Komm, lass uns gehen«, flüsterte Enzo. Er nahm Lilou an der Hand und führte sie aus dem Waldstück zurück zur Lichtung mit der Gartenlaube. Alles glitzerte und funkelte und leuchtete in der Sonne.

Mein Garten, dachte Lilou, während sie die Sternblumen und Kürbisse und Rosen passierte, mein ganz persönlicher, eigener Wundergarten. Danke, liebe Oma! Ich werde versuchen, eine hervorragende Wundergärtnerin zu sein!

In Band 2 erlebt Lilou neue Abenteuer

im magischen Wundergarten.

Das Buch erscheint im Herbstprogramm

2020 bei Schneiderbuch!

www.schneiderbuch.de

Paul und die Klettenhexe

Die kleine Klettenhexe liebt Unfug, spielt anderen gern Streiche und hat eine Schwäche für Kuchen. Zum Pech für Superhirn und Musterschüler Paul hat sie sich nun ausgerechnet ihn als neuen besten Freund ausgesucht ...
Paul merkt schnell: So eine Klettenhexe kann dein Leben ganz schön durcheinanderwirbeln!

Paul und die Klettenhexe
978-3-505-14289-5

Die Klettenhexe Klarinde stellt nach wie vor allerlei lustigen Schabernack in der Maria-Makellos-Schule für Hochbegabte an. Als ihr Cousin Archibald Kuckuck seinen Besuch ankündigt, stürzt sie sich gleich in die Vorbereitungen. Sie will schließlich auf den entfernt lebenden Verwandten einen guten Eindruck machen. Doch der geheimnisvolle Cousin ist nicht der, der er zu sein scheint. Und schon bald erkennen Klarinde und Paul, dass Archie finstere Pläne im Gepäck hat.

Paul und die Klettenhexe - Der unheimliche Cousin
ISBN 978-3-505-14290-1

Claire Barker
Paul und die Klettenhexe
je ca. 230 Seiten, gebunden, illustriert
€ 12,00

S Schneiderbuch

EGMONT

Völlig hundelos

Becca wünscht sich nichts sehnlicher als einen Hund. Dann wäre ihr Leben endlich "völlig hundevoll"! Auf der Weihnachtsfeier richtet ihr Cousin eine dringende Bitte an sie: Becca soll für eine Woche auf den Hund seines Schwarms Miranda aufpassen. Nichts lieber als das! Sie schafft es, ihre Eltern zu überreden. Aber Monty ist nicht nur ein im Vergleich zu Becca geradezu riesiger Hund, er ist auch vollkommen unerzogen und gehorcht überhaupt nicht. Ein mit viel Wortwitz und augenzwinkerndem Humor erzählter Roman über Freundschaft, Verantwortung und Familie, gewürzt mit einer Prise Monty!

Jo Franklin
Völlig hundelos
288 Seiten
€ 14,00 [D]
ISBN 978-3-505-14249-9

Kinder lieben Schneiderbücher!

www.schneiderbuch.de

Schneiderbuch

EGMONT